Knaur.

W0337054

Knaur.

Im Knaur Taschenbuch Verlag sind bereits folgende Bücher des Autors erschienen:
Wie aus Beruf Berufung wird
Wie der Tod dem Leben dient
Wenn Dornröschen nicht mehr aufwacht
Wenn Liebe allein den Kindern nicht hilft
Was den Körper krank macht
Wie aus Leiden wieder Liebe wird

Über den Autor:
Thomas Schäfer wurde 1960 in Wittlich bei Trier geboren. Er studierte Soziologie und Politikwissenschaft und erlangte 1985 seinen Magister Artium an der Universität Heidelberg. Seit 1993 ist er als Heilpraktiker mit Schwerpunkt Psychotherapie in Heidelberg und Stockach tätig. Zahlreiche Aus- und Weiterbildungen in psychotherapeutischen Methoden, u. a. der Hypnotherapie Milton Ericksons. Veröffentlichungen von mehreren Büchern über Familienaufstellungen nach Bert Hellinger, Hildegard von Bingen und Märchen.

Bei Fragen wenden Sie sich bitte an:
Thomas Schäfer
Burgweg 27
78333 Stockach-Wahlwies
Tel.: 07771/919405
Fax: 07771/919406
www.FamilienaufstellungenThoSchaefer.de
E-Mail: tho.schaefer@t-online.de

Allgemeine Informationen (Therapeuten u. a.): www.hellinger.com
DGfS (Deutsche Gesellschaft für Systemaufstellungen): Tel.: 089/38102710
oder Internet: www.familienaufstellung.org

Inhalt

Verwendeter Abkürzungsschlüssel von Bert Hellingers Literatur

Anerkennen, was ist – Gespräche über Verstrickung und Lösung. Mit Gabriele ten Hövel. München 1996: AWI

Familienstellen mit Kranken – Dokumentation eines Kurses für Kranke, begleitende Psychotherapeuten und Ärzte. Heidelberg 1995. FS

Finden, was wirkt – Therapeutische Briefe. München 1993: FWW

Die Mitte fühlt sich leicht an – Vorträge und Geschichten. München 1996: MFL

Ordnungen der Liebe – Ein Kurs-Buch. Heidelberg 1994: OL

Schicksalsbindungen bei Krebs – Ein Buch für Betroffene, Angehörige und Therapeuten. Heidelberg 1997: SBK.

Verdichtetes – Sinnsprüche, kleine Geschichten, Sätze der Kraft. Heidelberg 1996: VS.

Zweierlei Glück – Die Systemische Psychotherapie Bert Hellingers. Herausgegeben von Gunthard Weber, Heidelberg 1993: ZG.

Eine aktualisierte Literaturliste befindet sich im Anhang.

Lieber Thomas Schäfer,

das Manuskript Ihres neuen Buches habe ich mit Interesse und Bewunderung gelesen. Sie haben sich intensiv mit den Ordnungen der Liebe in menschlichen Beziehungen befasst, und Sie haben die besondere Gabe, vielschichtige Zusammenhänge übersichtlich und einfach darzustellen. Aus Ihrer eigenen reichen Erfahrung haben Sie wesentliche Einsichten auch inhaltlich weitergeführt und vertieft. So ist es ein reiches und schönes Buch geworden, und ich bin sicher, dass es vielen Leserinnen und Lesern eine wertvolle Hilfe sein wird, in ihren eigenen Beziehungen versöhnliche Lösungen zu finden.
Ich gratuliere Ihnen dazu

Ihr

Bert Hellinger

Dank

Mein besonderer Dank gilt Bert Hellinger. Ohne seine Ermunterung wäre dieses Buch nie entstanden. Er stellte mir Material zur Verfügung und hat für meine Fragen immer ein geduldiges Ohr gehabt.

Herzlich bedanken möchte ich mich auch für Anregungen und Kritik bei meiner verstorbenen Frau Elisabeth, Werner Baumgartl und Wolfgang Kasper.

Vorwort

Bert Hellinger hat eine ganze Reihe von Büchern, Videos und CDs über die von ihm entwickelte Systemische Psychotherapie veröffentlicht. Ohne Zweifel ist niemand kompetenter, über Bert Hellinger zu schreiben, als er selbst. Warum wird hier ein weiteres Werk über seine Arbeit vorgelegt?
Als Therapeut habe ich die Erfahrung gemacht, dass sich viele Klienten und Interessierte mit Hellingers Veröffentlichungen schwer taten. Meiner Ansicht nach liegt es daran, dass seine Bücher sich vorwiegend an Ärzte, Psychotherapeuten und Menschen aus psychosozialen Berufen wenden. Vieles, was von Bert Hellinger veröffentlicht wurde, besteht zudem aus Mitschnitten von Seminaren, die sich nicht immer unmittelbar erschließen.
Auf den folgenden Seiten habe ich es mir zur Aufgabe gemacht, Bert Hellingers Gedanken zu bestimmten Themen zusammenzufassen und sie einem größeren Leserkreis näher zu bringen. Vielleicht ist es ein glücklicher Umstand, dass hier jemand schreibt, der einer anderen Generation angehört: Ich könnte Bert Hellingers Sohn sein.

In diesem Buch wird nicht nur Hellingers Sichtweise erläutert, sondern auch meine eigene Erfahrung mit Klienten eingebracht. Es ist aber ganz im Sinne des Autors, wenn viele Leser sich später mit Hellingers Originalveröffentlichungen auseinander setzen. Wenn man sich einlässt, kann die Begegnung mit Hellingers Gedanken zu Familie, Ehe, Partnerschaft, Krankheit und Tod tief berühren und einen positiven Einfluss auf die eigene Lebensgestaltung haben. Ich selbst habe diese Erfahrung gemacht und kenne viele Menschen, denen es ähnlich ergangen ist.

Weinheim-Steinklingen, im März 1997

Seit dem Verfassen des ersten Vorwortes sind mehrere Jahre vergangen. Zu meinem eigenen Erstaunen ist dieses Buch zu einem Bestseller geworden. Eine Fülle von Büchern zum Familien-Stellen sind seitdem erschienen. Auch ich selber habe fünf weitere Werke zu diesem Thema verfasst. Dennoch hat »Was die Seele krank macht und was sie heilt« den Stellenwert als Einführungsbuch behalten. Es ist besonders für all jene geeignet, die sich zum ersten Mal mit Bert Hellingers Arbeit vertraut machen möchten.

Bei manchen Themen hat es seit der Erstveröffentlichung neue Erkenntnisse gegeben, zum Beispiel über Psychosen. In dieser neuesten Auflage wurde dies, soweit es den Textrahmen nicht sprengt, berücksichtigt. Nicht behandelt wurden in diesem Buch die von Bert Hellinger entwickelten »Bewegungen der Seele«, auf die ich in anderen meiner Bücher eingegangen bin. In diesem Werk wird dagegen die klassische Form der Familienaufstellung dargestellt. Wer meine heutige Arbeitsweise kennenlernen will, der kann zu den unten aufgeführten Büchern aus jüngster Zeit greifen.

Wegen der Weiterentwicklung auf dem Gebiet »Gesundheit und Krankheit« habe ich diesem Thema nun ein eigenes Buch gewidmet: *Was den Körper krank macht – Wege zur Gesundheit durch systemische Aufstellung.* Auch über die Paarbeziehung gibt es mittlerweile ein eigenes Buch: *Wie aus Leiden wieder Liebe wird – Mann und Frau aus Sicht des Familienstellens.*

Stockach-Wahlwies, im November 2007

I
Einführung

Schuld und Unschuld, Gewissen, Ordnung, Bindung, Demut und das Ehren der Eltern – so lauten einige zentrale Begriffe der *Systemischen Psychotherapie* Bert Hellingers. In der gegenwärtigen Psychotherapie hört man diese Ausdrücke eher selten, und manchem erscheinen sie gar anrüchig und verstaubt. So verwundert es nicht, dass sich an Bert Hellinger die Geister scheiden.

Für die einen ist er derjenige, der bestimmten Werten zu einer Renaissance verhilft. Wir leben in einer Zeit, in der sich alles schnell relativiert. Nichts scheint lange Bestand zu haben, obwohl wir uns doch sehr nach Sicherheit und Verlässlichkeit sehnen. Und nun kommt jemand, der endlich Orientierung gibt und in all den persönlichen Tragödien und Schicksalen Ursachen und Sinn erkennt. Zusammenhänge zu verstehen, die wir jenseits des Begreifens wähnten: Das muss eine tiefe Sehnsucht wecken, mit dem eigenen Schicksal in Einklang zu kommen.

Für die anderen ist Hellinger ein konservativer, patriarchalischer Heilsverkünder, dessen »Lehre« in den orientierungslosen Köpfen vieler leichtes Spiel hat. In diesen Zusammenhang passt natürlich der Umstand, dass Hellinger lange Zeit in Afrika Missionar gewesen ist. Nachdem er den Orden verlassen hatte, entdeckte er die Psychotherapie als neues Aufgabenfeld. Um »biblische Psychotherapie« handele es sich, lesen wir in der Überschrift des Editorials der Zeitschrift »Psychologie heute« (6/95). Dort ist auch die Rede von einem »Guru«, der »weiße Magie« betreibt, wenn er in großen Gruppen einen Klienten seine Familie aufstellen lässt.[1]

[1] Die Technik der Aufstellungen wird später beschrieben. Durch solche Aufstellungen kann man herausfinden, wie der Klient mit den Schicksalen anderer Familienmitglieder verbunden ist und welche Haltungen für seine Seele hilfreich sind.

Viele Therapeuten, die nach Hellingers Methode Familien stellen und seine Einsichten in ihrer täglichen Arbeit berücksichtigen, und viele, die heute mit Sympathie über ihn reden und schreiben, bekennen, dass sie bei der ersten Begegnung mit diesen ungewohnten Einsichten schockiert waren. Mir selbst erging es anders. Ich war tief ergriffen von dem, was ich las (»Zweierlei Glück«) und was ich kurz darauf in Hellingers Seminaren erlebte. Nachdem ich meine Familie aufgestellt hatte, wurde mir nicht nur meine persönliche Geschichte klarer, ich sah auch die Probleme meiner Klienten in einem neuen, ungewohnten Licht. Betroffen und verunsichert ließ mich damals nur eine Sache zurück: Hellingers Umgang mit dem Thema Inzest. Doch mittlerweile habe ich meine Meinung revidiert. Hellingers Sichtweise dieses äußerst heiklen Themas widerspricht zwar dem Zeitgeist, doch kann sie meiner Erfahrung nach den Opfern tatsächlich Heilung bringen (siehe das Kapitel »Eltern und Kinder«).

Unterschiede zu anderen psychotherapeutischen Ansätzen

In der systemischen Sichtweise der Familientherapie wie auch in den meisten Richtungen der humanistischen Psychologie (Gestalttherapie, Gesprächspsychotherapie nach Rogers, Primärtherapie, Bioenergetik u. a.) spielt die Theorie des Konstruktivismus eine wichtige Rolle:[2] Es existiert keine feststehende Wahrheit, es gibt nichts objektiv zu Erkennendes; unsere Gefühle hängen weitgehend von unseren inneren Vorstellungen ab. In vielen Therapierichtungen geht man davon aus, dass der Klient über einen zielgerichteten Umgang mit sinnvollen Bildern und Vorstellungen die meisten seiner Ziele erreichen kann. Besonders beim NLP (Neurolinguistisches Programmieren), von dem ich als Therapeut viel profitiert habe, findet man recht naive Ansichten darüber, was alles »programmierbar« sei: Reichtum, Heilung von Krankheiten, das Finden des richtigen Partners usw. Die Vorstellung, dass man mit einer kraftvollen »Ressourcen-Mobilisierung« (NLP-Jargon) die meisten seiner Wünsche realisieren könne, ist natürlich nicht auf das NLP begrenzt. Das Credo einer großen Zahl von Therapeuten, zu denen auch ich gehört habe, lautet: »Jeder Mensch ist völlig frei und hat die Möglichkeit, sich selbst zu verwirklichen, wie er das möchte. Dazu muss er nur die verinnerlichten, hemmenden

[2] Theoretiker wie Heinz von Foerster, Bateson, Glaserfeld und später der Biologe Maturana haben den Weg für ein konstruktivistisches Denken geebnet.

Vorstellungen (›Glaubenssätze‹) durch neue und bessere ersetzen.«
Je radikaler man konstruktivistisch denkt, desto dringlicher stellt sich die Frage nach der Ethik: Wenn jeder frei ist, zu tun und zu lassen, was er will, welche Folgen hat das dann für die anderen?
Hellinger zufolge sind wir nicht so frei, wie wir gerne glauben. Wenn wir ohne die Anerkennung unserer Bindungen handeln, ist das kein freies, sondern ein blindes Handeln. Ein Handeln in Freiheit ergibt sich erst durch die Zugehörigkeit zu einem System (Familie). Ein System definiert sich durch eine Menge von Elementen, zwischen denen bestimmte Beziehungen bestehen. Jede Veränderung eines Elements hat automatisch auch eine Wirkung auf die anderen Elemente. Jeder Mensch ist Teil eines Familiensystems und damit eines Beziehungszusammenhanges. Dadurch hat er Anteil an den Problemen der anderen Familienmitglieder, gleichgültig, ob ihm das bewusst ist oder nicht.
Ein Beispiel: Wenn ein Ehemann seine Frau und seine Kinder mit der Begründung »Ihr seid mir zu langweilig! Ich verlasse euch, weil ich mich erst einmal verwirklichen will« verlässt, mag er von der Richtigkeit seiner Ansicht überzeugt sein. Die Vorstellung, dass Frau und Kinder ihn binden, kann er als »altmodische und hemmende Vorstellung« aus seinem Kopf verbannen und durch Vorstellungen von absoluter Freiheit ersetzen. Doch die Bindung des Mannes an die Familie existiert objektiv weiter, was man als neutraler Beobachter ohne weiteres feststellen kann: Wenn sich jemand leichtfertig von der Familie trennt und nicht mehr für sie sorgt, stirbt nicht selten ein Kind an einer schweren Krankheit, bringt sich um oder entwickelt ein chronisches Leiden. Außerdem wird der Mann wahrscheinlich keine langfristige befriedigende Part-

nerschaft mehr eingehen können. Eine solch leichtfertige Trennung wird im System als Verbrechen erlebt und hat entsprechende Konsequenzen.

Das von vielen Therapeuten vertretene Credo der Selbstverwirklichung hat Hellinger wegen seiner Auswirkungen auf die anderen energisch kritisiert. Er erwähnt als Beispiel das »Gestaltgebet« des Gestalttherapeuten Fritz Perls, eines Vertreters der humanistischen Psychologie. Sinngemäß lautet es: »Ich mache meine Sache, du machst deine Sache. Wie es dir dann geht, ist nicht mehr meine Sache. Ich gehe meinen Weg.« Hellingers Kommentar dazu: »Hier werden Bindungen verleugnet, und anderen werden die Kosten aufgebürdet. Ich nenne diese Selbstverwirklicher Psychokapitalisten übelster Sorte.« (AWI: 129) Im Gegensatz zu der »Konstruktion der Wirklichkeit«, die jenem verhängnisvollen Credo Vorschub leistet, vertritt Hellinger die »Wahrnehmung der Ordnung«. Was »Ordnung« ist, wird uns in diesem Buch noch häufig beschäftigen. Schon jetzt sei gesagt, dass sie nicht mit landläufigen Vorstellungen verwechselt werden darf.

Anders als die meisten psychotherapeutischen Richtungen kümmert sich Hellinger nicht um die theoretische Begründung seiner Arbeit. Immer wieder betont er, dass er keine »Lehre« oder Theorie geschaffen habe, sondern dass er Phänomenologe sei. Er schaut auf das, was ist, statt sich mit den Vorstellungen und Interpretationen des Klienten zu beschäftigen oder selbst Theorien zu entwickeln. Das, was ist, stellt aber keine objektive Wahrheit oder ein unumstößliches Gesetz dar, sagt Hellinger, sondern lebendige Wirklichkeit; es ist etwas Schöpferisches.

Hellinger unterscheidet auch Beobachten und Wahrnehmen. Beobachtungen führen zu Teilkenntnissen unter Verlust der Gesamtschau. Wenn man das Verhalten eines Menschen beobachtet, sieht man nur Einzelheiten. Wenn ich mich dagegen der Wahrnehmung aussetze, entgehen mir Details, doch ich erfasse sofort das Wesentliche, den Kern, und zwar im Dienste des anderen. Vielleicht kann das ein Beispiel erläutern. Als Kind war ich davon fasziniert, was geschieht, wenn man sich im Dunkeln auf ein winziges Licht konzentriert. Was passiert? Man sieht es nicht! Erst wenn man sich ein wenig entspannt und erweitert schaut, können die Augen es deutlich wahrnehmen.

Die von Hellinger beschriebene Form von Wahrnehmung ist nur möglich, wenn man sich dem Klienten absichtslos und mit der Bereitschaft zur Beziehung zuwendet. Dann entsteht eine innige Verbindung, die mit höchster Achtung, aber auch mit Distanz verbunden ist. Eine innere Distanz muss sich beim Aufstellen aber immer verbinden mit tiefer Achtung vor dem Ratsuchenden. Stets sollte man wahrnehmen können, wie stark oder schwach der seelische Impuls sein sollte, den der Klient benötigt.

Wenn Hellinger bestimmte Zusammenhänge erklärt, wird ihm oft Dogmatismus vorgeworfen. Doch wenn man ihm genau zuhört, wird deutlich, dass es ihm nicht um das Festzurren von einengenden Regeln geht. Wenn in einem Seminar die Frage gestellt wird: »Ist die Dynamik bei dieser Krankheit immer so, wie Sie es hier schildern?«, antwortet er oft: »Ob das in allen Fällen so ist, weiß ich nicht, doch bislang habe ich diesen Zusammenhang immer wieder feststellen können. Wenn Sie oder ich neue Wahrnehmungen machen, wird man erneut darüber nachdenken müssen.«

In der Vergangenheit war Hellinger der Umgang mit Theorien durchaus nicht fremd, denn er wurde nach seiner Ordenstätigkeit Psychoanalytiker. Geblieben ist ihm aus dieser Zeit der

Blick auf die Familie. Doch wonach er schaut, nämlich nach den Ordnungen, in die wir eingebettet sind, und auch wie er schaut, unterscheidet sich völlig von der klassischen Psychoanalyse, in der viel mit Traumdeutung und Assoziation gearbeitet wird.

Wenn Hellinger auf die Familie blickt, vollzieht er das mit einer bestimmten Grundeinstellung, die sich deutlich von der vieler Psychoanalytiker unterscheidet. Der Mensch kommt aus der Familie. Ihr verdankt er das Leben mit allen Möglichkeiten und Grenzen, und durch sie wird er in bestimmte Schicksale hineingezogen. Aus diesen Gründen gibt es für Hellinger nichts Stärkeres als die Familie, und deshalb darf der Therapeut nicht wichtiger als ein Familienmitglied werden, indem er zum Beispiel Ersatzvater oder Ersatzmutter für den Klienten wird.

Hellingers Umgang mit der Familie ist von tiefer Achtung geprägt. Insbesondere achtet er die Eltern. Elternschaft ist für Hellinger etwas so Wesentliches, dass er sich nie gegen die Eltern stellen würde. Eine solche Haltung muss erstaunen, da wir es doch gewohnt sind, die Eltern für alles Übel verantwortlich zu machen. Auch in der Therapie verbündet sich der Therapeut häufig mit dem Klienten gegen die Eltern oder einen Elternteil. Die oft zu hörende Ansicht »Du musst dich von deinen Eltern befreien« lehnt Hellinger ab. Es ist für ihn absurd, denn: »Wie kann man sich von seinen Eltern befreien? Er oder sie ist ja seine Eltern.« (AWI: 98) Ich *bin* meine Eltern? Das klingt für viele nach Mittelalter. Was damit tatsächlich gemeint ist, wird im Kapitel »Eltern und Kinder« ausführlich gezeigt werden.

Hellinger leugnet allerdings nicht, dass für den Einzelnen aus der Bindung an die Familie sehr großes Leid entstehen kann. Nur die Schlussfolgerung daraus unterscheidet ihn von den meisten anderen Therapeuten. Statt den Klienten zu bestärken, die Wut gegen die Eltern herauszuschreien, wofür er sich hinterher nur bestrafen würde, bringt er ihn wieder mit der ursprünglichen Eltern-Kind-Liebe in Kontakt, die vor der Wut einmal existiert hat.[3] Wenn aus der Bindung an die Familie großes Leid entsteht und jemanden krank macht, geschieht das nicht, weil irgendjemand böse ist, sondern weil in der Familie Schicksale wirken, die auf alle Einfluss haben.

In Hellingers Arbeit wird die Familie als ein System gesehen, aus dem man sich nicht einfach ausklinken kann. Unsere Eltern haben wiederum Eltern und kommen aus Familien mit bestimmten Schicksalen. All das wirkt sich in der jetzigen Familie aus. Wenn in der Vergangenheit etwas Schlimmes passiert ist, hat das über Generationen hinweg Folgen. Diese unbewussten Verstrickungen bewusst zu machen und die ursprüngliche Liebe wieder zum Fließen zu bringen ist die Aufgabe von Hellingers Form der Familienaufstellungen.

[3] Siehe »Unterbrochene Hinbewegung« im Kapitel »Eltern und Kinder«.

Was ist gute Psychotherapie?

Auch der Rahmen ist bei Hellinger anders als in den meisten klassischen Therapien: Das Familienstellen ist eine gruppentherapeutische Form der Kurzzeittherapie. Hellinger sieht viele Klienten nur ein einziges Mal.[4] Allerdings ist beim Aufstellen vom Therapeuten zu gewährleisten, dass eine Nachbetreuung möglich ist, wenn der Ratsuchende sie benötigt! Eine Psychoanalyse ist dagegen von vornherein eine sich nicht selten über Jahre erstreckende Einzeltherapie. Dem Faktor Zeit in der Therapie misst Hellinger große Bedeutung zu. In seinem Buch »Verdichtetes« findet sich folgende Geschichte (VS: 73):

Die Dauer

Eine Angestellte sagte zu ihrem Chef: »Mir geht es schlecht. Ich habe eine Psychotherapie begonnen, und der Therapeut hat gesagt, die Psychotherapie brauche fünf Jahre.«
Darauf der Chef: »Er hat gesagt, erst in fünf Jahren kann es Ihnen besser gehen. Kein Wunder, wenn es Ihnen schlecht geht.«
Gute und effektive Psychotherapie besteht für Hellinger darin, dass der Psychotherapeut sich möglichst rasch überflüssig macht.

[4] Einige Klienten allerdings befinden sich in Psychotherapie und können anschließend mit ihrem Therapeuten über die Aufstellung reden.

Die Aufstellungen

Ähnlich wie Träume das persönliche Unbewusste des Träumers widerspiegeln, so spiegelt eine Familienaufstellung das Unbewusste eines Familiensystems. In den Aufstellungsgruppen sitzen die Ratsuchenden in einem Kreis. Der Therapeut fragt den, der aufstehen will, zunächst nach seinem Anliegen. Dann wird entschieden, ob die Herkunftsfamilie oder die Gegenwartsfamilie aufgestellt wird. Daraufhin tritt der Klient in die Mitte des Kreises und bittet den Teilnehmer aus der Gruppe, stellvertretend die Rolle eines Familienmitgliedes zu übernehmen. Auf diese Weise werden Vater, Mutter, Geschwister und ein Stellvertreter für den Aufstellenden ausgewählt. Der Therapeut achtet darauf, dass missliebige oder totgeschwiegene Familienmitglieder, wie uneheliche Kinder, tot Geborene, Psychiatrieinsassen oder frühere Verlobte, nicht übergangen werden. Bei alldem braucht der Therapeut nur wenige Informationen. Charakterisierungen, wie »mein Vater war immer sehr dominant«, sind dabei unwichtig. Allein schicksalsschwere Ereignisse im System sind von Belang, zum Beispiel der Tod einer Mutter im Kindbett oder ein Selbstmord.

Wenn alle Familienmitglieder benannt und ausgesucht sind, nimmt der Klient in gesammelter Haltung die Stellvertreter am Arm und stellt sie nach seinem inneren Bild im Raum auf. Dadurch treten die Stellvertreter untereinander in Beziehung. Anschließend kann sich der Klient wieder auf seinen Platz setzen. Schon allein das äußere Bild der Familienaufstellungen kann in manchen Fällen Aufschlüsse geben. Wenn zum

Beispiel Vater und Mutter so aufgestellt wurden, dass sie sich gegenüberstehen, stammt der Betreffende häufig aus einer Familie, bei der die Eltern sich scheiden ließen. Manchmal allerdings ist eine Ehe nur innerlich geschieden, ohne dass es zu einer äußerlich sichtbaren Trennung gekommen wäre.

Wenn alle zueinander in Beziehung stehen, fragt der Therapeut die Stellvertreter, wie sie sich körperlich und emotional fühlen und was sie den anderen Familienmitgliedern gegenüber empfinden. Obwohl es sich bei den Stellvertretern um völlig fremde Menschen handelt, ist es immer wieder verblüffend, wie detailliert diese die Geschichte der Familie darstellen können. Die Stellvertreter fühlen wie die wirklichen Familienmitglieder. Ich erinnere mich zum Beispiel an eine Aufstellung, bei der ich als Stellvertreter das Gefühl hatte, mir wären beide Beine abgeschnitten. Auf Befragen stellte sich heraus, dass der Mann, den ich vertrat, an beiden Beinen amputiert war. In einer solchen Stellvertreterposition kann man die unterschiedlichsten körperlichen Beschwerden wahrnehmen, die der Betreffende hatte oder hat, zum Beispiel einen chronischen Magendruck oder ein Herzrasen. Man spürt auch sofort, wer zu wem Antipathie oder Sympathie empfindet.

Bei einem Seminar hatte eine Klientin ihren Vater aufgestellt, den sie nahezu zwei Jahrzehnte nicht gesehen hatte. Die Art, wie sich in der Aufstellung sein Charakter darstellte, stimmte kaum noch mit dem überein, was ihr die Mutter über ihn erzählt hatte. Schon bald nach dem Seminar fasste sich die Klientin ein Herz und besuchte ihren Vater. Wie sie mir berichtete, war sie ziemlich verblüfft, dass der Vater sich exakt so verhielt wie sein Stellvertreter in der Aufstellung. Es ging sogar so weit, dass der Vater nicht nur inhaltlich dasselbe sagte wie sein Stellvertreter in der Gruppe, sondern dass er sich zum Teil identischer Worte bediente!

Wenn bei einer Aufstellung in der Gruppe jemand vergessen worden ist, zeigt sich das oft daran, dass alle Stellvertreter wie hypnotisiert auf eine leere Stelle schauen. Hier fehlt jemand! Sobald der Betreffende, beispielsweise ein vergessener Selbstmörder, durch einen ausgewählten Stellvertreter auf diesen vakanten Platz gestellt wird, atmen die anderen sichtbar auf.

Nachdem alle Familienmitglieder bzw. Stellvertreter gesagt haben, wie sie sich fühlen, verändert der Therapeut die Positionen der Familienmitglieder, bis eine Ordnung gefunden wird, bei der jeder sich wohl fühlt. Die Suche nach der Lösung dient nicht nur dem Klienten, sondern der ganzen Familie. Der Therapeut orientiert sich dabei an der verbalen wie nonverbalen Resonanz der Aufgestellten: Wie reagiert der Körper? Was teilen Gestik und Mimik mit? Es ist immer wieder erstaunlich, wie schnell man sich an Körpersignalen orientieren kann. Wenn für alle die Lösung gefunden ist, erkennt man das an einem Leuchten in den Gesichtern und der entspannten Körperhaltung.

So bleibt zum Beispiel in einer Schlussaufstellung der von allen verachtete homosexuelle Onkel, der Selbstmord begangen hat, nicht länger mit dem Rücken zur Familie stehen, sondern erhält einen würdigen Platz, wo ihn alle deutlich sehen können. Auf diese Weise braucht ein später geborener Junge das Schicksal dieses Onkels nicht nachzuahmen. Dieses unbewusste Aufnehmen eines Schicksals von Frühergeborenen nennt man »Verstrickung«. Wenn solche ausgeschlossenen Personen wieder gewürdigt werden, braucht sich niemand mehr mit ihnen unbewusst zu identifizieren, ja sie werden sogar zum Segen. Hat der Klient sich mit einem auf diese Weise Verachteten bereits seelisch vor langer Zeit verbunden, kommt er meist am Schluss der Aufstellung an den Platz seines bisherigen Stellvertreters und kann spüren, wie er sich in der Familie fühlt. Je nach Situation kann er zu dem toten Onkel sagen: »Ich gebe dir die Ehre. In meinem Herzen hast du einen Platz. Bitte segne mich, auch wenn ich bleibe.« Manch einer tut sich schwer, solche Sätze nicht nur mit der Zunge, sondern auch mit dem Herzen zu sagen. Darauf zu achten und den Ernst der Situation zu wahren ist Aufgabe des Therapeuten. Wenn ein solcher Satz bei dem Empfänger nicht richtig ankommt, sagt dieser Stellvertreter das häufig auch. Und wenn der Therapeut merkt, dass der Klient das Ganze nur als Spiel auffasst, bricht er sofort ab. Ohne den nötigen Ernst aller Beteiligten muss die Aufstellung beendet werden, denn bei dieser Arbeit geht es nicht nur um Gesundheit und Krankheit, sondern oft buchstäblich um Leben und Tod, wie zum Beispiel bei Krebskranken. Trotzdem – oder gerade deswegen! – wird in Aufstellungsseminaren sehr viel gelacht. Der tiefe Ernst und die oft unerträgliche Spannung müssen sich von Zeit zu Zeit entladen. Bert Hellinger versteht es prächtig, in den Pausen zwischen zwei Aufstellungen die Situation durch einen Witz zu entspannen. Es ist fast wie in den Dramen von Shakespeare, in denen das Ernste und Schwere plötzlich durch etwas Heiteres abgelöst wird.

Wenn in der Aufstellung die Lösung gelingt, wird sie jenseits aller therapeutischen Einflussnahmen als Geschenk erlebt – Hellinger spricht hier von »Gnade«. Der Therapeut »verhilft« dabei nur der verborgenen Liebe ans Licht. Wie sich der Klient an dieser Weggabelung entscheidet, ist nicht seine Sache. Dafür trägt allein der Klient die Verantwortung. Der Therapeut weiß letztlich nicht, was für den Klienten besser oder schlechter ist.

Bert Hellinger hat sich die Aufgabe gestellt, den Klienten mit den heilenden Kräften aus seiner Familie in Berührung zu bringen. Für ihn ist das nicht nur Therapie, sondern letztlich ein Dienst an der Versöhnung. In diesem Sinne sieht er sich auch als Seelsorger. Ein traditioneller Therapeut dagegen ist jemand, der glaubt, er habe die Dinge im Griff. Hellingers Verständnis von Schicksal lässt ihn sich selber angesichts der in Familien wirkenden Kräfte als sehr klein erleben. Zu »machen« und zu entscheiden findet er anmaßend.

Leiden ist leichter als Handeln

Vielen Klienten, die oft lebensbedrohlich erkrankt sind, fällt es schwer, die innere Haltung einzunehmen und die Lösungssätze zu sagen, die der Therapeut vorschlägt. Aus Hellingers Sicht ist Leiden leichter als Handeln. In der Seele existiert nämlich ein magisches Denken, das eine bestimmte Vorstellung von Liebe hat: »Liebe heißt, ich werde wie« oder »ich mache es wie meine Eltern«. Ihrem Schicksal folgen, das ist meine Liebe als Kind. Und es gibt die »geheime Vorstellung, dass durch Leiden und Sterben der andere gerettet wird, dass es ihm besser geht, selbst wenn er tot ist«. Das ist magisches Denken, aber auch naives Denken, denn man braucht nicht zu handeln. Man überlässt sich einfach dem Schicksal, und alles Heil erwächst aus dem Unglück. Die Lösung dagegen verlangt Kraft und Handeln: »Ich bleibe, und ich traue euch zu, dass ihr mich segnet, auch wenn ich bleibe.« Im Vergleich zum magischen Denken ist dies ein religiöses Tun im tiefsten Sinne: Man verzichtet auf die Vorstellung, dass das eigene Leiden irgendeine Art von erlösender Macht hätte, und gibt sich der Welt mit ihren Grenzen hin, wie sie ist. (FS: 81)

Wenn ich an das Glück denke, das Leiden verursacht, fällt mir eine junge Frau ein, die zu einem Gespräch kam. »Ich habe so gut wie kein Geld und werde ein zweites Mal wohl nicht zu Ihnen kommen können«, begrüßte sie mich. Sie hatte mehrere Selbstmordversuche hinter sich, und während sie davon erzählte, strahlte sie über das ganze Gesicht. Wenn man sie anschaute, konnte man denken, sie spreche von einem Lottogewinn oder von einem Traumprinzen, der in ihr

Leben getreten ist. Doch tatsächlich redete sie davon, dass sie völlig depressiv sei, keine Lust zu leben besäße, zehn Jahre Psychotherapie und Aufenthalte in psychosomatischen Kliniken hinter sich habe und alles »zum Kotzen« fände – doch es war unübersehbar, wie sie dabei strahlte!
Ich fragte sie, was passieren würde, wenn morgen ein Wunder geschehen würde und alle Probleme gelöst wären. Zunächst wurden ihre Augen traurig. Sie war sprachlos. Mit kraftloser Stimme sagte sie nach einigem Zögern: »Ich müsste meine Frühverrentung rückgängig machen und arbeiten gehen. Ich müsste mir vielleicht auch um das Thema Partnerschaft Gedanken machen.« Dann wurde sie wütend auf mich: »Das ist alles Unsinn, was Sie sagen! Nie wird es ein solches Wunder geben! Was zehn Jahre kein Arzt und Therapeut zustande gebracht haben, werden auch Sie nicht erreichen! Das wäre ja noch schöner! Mir kann keiner helfen, keiner!«, schrie sie. Es war offensichtlich, dass sie nur zu mir gekommen war, um sich die Hoffnungslosigkeit ihres Falles bestätigen zu lassen. Diese Vorstellung hatte für sie etwas Versöhnliches. Wer so reagiert wie diese junge Frau, ist meist »systemisch verstrickt«. Die »Kinderseele« dieser Frau war offensichtlich glücklich, sich mit einem schlimmen Familienschicksal solidarisch fühlen zu können. Welche Ereignisse dazu führten, weiß ich nicht, denn sie war nicht bereit, auf das Thema Familie einzugehen, und kam auch nicht wieder. Selbst ein stark ermäßigtes Honorar war ihr noch zu teuer. Doch es hätte sie mehr als das Geld gekostet ... Die Erfahrung zeigt, dass Menschen, die beim Erzählen ihres Unglücks und ihrer Schmerzen stolz sind und dabei strahlen, sich unbewusst mit einem fremden Leid in der Familie solidarisieren. Wer sich für das Glück entscheidet, muss mit dem Abschied von seiner Kinderseele bezahlen.

Die Wirkung des Lösungsbildes

Das bei Familienaufstellungen gefundene Lösungsbild wirkt auf die tatsächliche Familie, auch wenn diese davon keine Kenntnis erlangt. Dazu ein Beispiel:

»Eine junge Frau hatte einen Selbstmordversuch überlebt. Bei der Familienaufstellung zeigte sich, dass es eigentlich die Mutter war, die gehen wollte, und die Tochter es nur für die Mutter übernommen hatte. Die Mutter wiederum sehnte sich nach ihrem Vater, der sich ertränkt hatte. In der Aufstellung wurde der verstorbene Vater hereingenommen und neben die Mutter gestellt. Die Lösung bestand darin, dass sich die Mutter an ihren Vater gelehnt hat und der Tochter kraftvoll gesagt hat: Ich bleibe. Auf diese Weise braucht die Tochter es nicht zu übernehmen.

Der Vater der Klientin hatte die Tochter zu dem Seminar begleitet und war im Saal anwesend. Die Mutter war zu Hause in Deutschland, während die Aufstellung an einem Sonntagmorgen in der Schweiz stattfand. An diesem Sonntag, zeitgleich zur Aufstellung, ist die Mutter zu Hause über eine Brücke spazieren gegangen. Diese Brücke führte über jenen Fluss, in dem sich ihr Vater ertränkt hatte. Jedes Mal, wenn sie zur Brücke kam, hat sie sich an das linke Brückengeländer gestellt, flussaufwärts geschaut zu der Stelle, wo es geschehen war, und für den Vater kurz gebetet. An diesem Morgen wollte sie wie immer auf der Brücke ihr Gebet sprechen. In diesem Moment jedoch fühlte sie sich an der Schulter genommen und auf die andere Seite der Brücke geführt. Dort erlebte sie ein intensives Glücksgefühl, das sie sich nicht erklären konnte. Ihr Kopf wurde flussabwärts gedreht, und sie hatte plötzlich das Gefühl: Jetzt darf ich mit dem Strom des Lebens schwimmen. Früher hatte sie in der Familie oft damit gedroht, sie werde sich umbringen. Mit einem Mal war das verschwunden. Über die räumliche Entfernung hat da etwas gewirkt, ohne dass die Mutter etwas von der Aufstellung wusste.« (AWI: 83/84)

Ein anderes Beispiel: Bei einer Aufstellung mit Hilfsmitteln stellte sich heraus, dass ein neunjähriger Junge mit dem Bruder des Vaters verbunden war. Der Onkel hatte sich mit Gift umgebracht, und das Kind wollte sein Schicksal teilen. Wie mir der Vater erzählte, war der Sohn ein nervöses und hyperaktives Kind. Gleichzeitig stellte er sich immer außerhalb. Auch in der Schule gab es viele Probleme mit ihm.

Das Kind hatte nicht gewusst, dass es einen selbstmörderischen Onkel in der Familie gab, doch nach der Aufstellung erzählte der Mann seinem Sohn in knappen Worten davon. Der Junge war sofort interessiert und stellte viele Fragen. Vor allem wollte er ein Foto von seinem Onkel sehen. Der Vater kramte eines hervor und zeigte es. Der Sohn bestand darauf, dass man ihm dieses Bild überließ. Es fand einen zentralen Platz im Kinderzimmer. Wie mir der Mann später berichtete, wurde das Kind in der Folge viel ruhiger und ausgeglichener.

Es ist wichtig, dass sich der Klient nicht auf das einmalige Erlebnis des Aufstellungsbildes verlässt, sondern sich von diesem Bild durch den Alltag begleiten lässt. Es wäre naiv, anzunehmen, dass die Aufstellung einer Familie im Nu alle Probleme löst. Der Klient ist aufgefordert, bei jedem Kontakt mit den Familienmitgliedern, ihnen aus jener Perspektive zu begegnen, die er in der Aufstellung als heilend wahrgenommen hat. Auch in der Familie entstehende Fragen können am

besten gelöst werden, wenn man sich innerlich an jenen guten Platz aus der Aufstellung begibt.
Wenn hier von »Kontakt« mit der Familie gesprochen wird, ist damit auch der innere Kontakt gemeint, zum Beispiel wenn man gerade an ein Familienmitglied denkt. Man darf nicht vergessen, dass der Klient zumeist Jahrzehnte hindurch ein falsches Bild seiner Familie gehabt hat. Es kann zuweilen Jahre dauern, bis das erlebte heilende Bild tief im Klienten verankert ist. So betrachtet, stimmt es gar nicht, die Systemische Psychotherapie als »Kurzzeittherapie« zu bezeichnen. Es handelt sich im Gegenteil um eine Langzeittherapie, die jedoch der Klient eigenverantwortlich durchführt.

Wodurch kommt die Wirkung einer Aufstellung zustande?

Häufig wird gefragt, wie diese Wirkungen von Aufstellungen überhaupt möglich sind und wodurch fremde Menschen in einer Aufstellung wie die tatsächlichen Familienmitglieder fühlen können. Hellingers Antwort ist pragmatisch. Theorien kümmern ihn nicht, er arbeite mit dem, was funktioniert. Unsere Familie ist ein so machtvolles System, dass seine Darstellung in der Dimension des Raumes es auch anderen Menschen gestattet, sich in die Dynamik dieser Familie einzufühlen. Dennoch bleibt die Frage: »Wie ist es möglich?« Im Gespräch mit der Journalistin Gabriele ten Hövel erläuterte Hellinger:

»Es gibt eine Tiefe, in der alles zusammenfließt. Sie liegt außerhalb der Zeit. Ich sehe das Leben wie eine Pyramide. Oben auf der ganz kleinen Spitze läuft das ab, was wir Fortschritt nennen. In der Tiefe sind Zukunft und Vergangenheit identisch. Dort gibt es nur Raum, ohne Zeit. Manchmal gibt es Situationen, in denen man mit dieser Tiefe in Verbindung kommt. Dann erkennt man zum Beispiel Ordnungen, verborgene Ordnungen, und kann in der Seele an Größeres rühren.« (AWI: 82)

Beeinflusst der Therapeut, was bei der Aufstellung dargestellt wird?

Zwei Fragen plagen oft: Ist das Ergebnis einer Aufstellung von der Persönlichkeit des Therapeuten abhängig, und wie »wahr« ist sie?

Grundsätzlich kann man davon ausgehen, dass bei jeder Aufstellung nicht *die* Wirklichkeit sichtbar wird, sondern *ein Ausschnitt* davon. Es wird immer das sichtbar, was der Klient benötigt, um handeln zu können. Bert Hellinger interessiert bei seiner therapeutischen Arbeit nicht so sehr die übergeordnete Wahrheit, von der wir ohnehin nichts wissen, sondern die Wirklichkeit, also das, was wirkt. In der Aufstellung werden die Dinge so genommen, wie sie sich darstellen – mit allem Ernst, als gäbe es nichts anderes. Bei der nächsten Aufstellung mag sich die Wirklichkeit leicht verändert darstellen, und auch diese Version wird ernst genommen, als gäbe es nichts anderes. Denn Wirklichkeit ist nicht statisch, sondern ständig im Fluss und wird daher nur im Augenblick erfahrbar. Wer glaubt, er könne die Wirklichkeit festhalten, muss im nächsten Moment bemerken, dass sie durch den Ablauf der Zeit schon wieder eine andere geworden ist.

Die Persönlichkeit des Therapeuten beeinflusst ohne Zweifel das Ergebnis einer Aufstellung. Im Gespräch äußerte Bert Hellinger, das Wichtigste, was der Therapeut für diese Arbeit mitbringen muss, sei: Furchtlosigkeit. Er braucht Mut, der Wirklichkeit ins Gesicht zu schauen, auch wenn sie die schrecklichsten Dinge beinhaltet. Fehlt dieser Mut, spüren die Stellvertreter in einer Aufstellung unbewusst, dass der Therapeut der Wirklichkeit nicht gewachsen ist, und sind in der Wahrnehmung eingeschränkt. Ich habe es sowohl als Stellvertreter wie als Beobachter erlebt, dass sich eine Gruppe mit dem blinden Fleck des Therapeuten solidarisiert hat und bestimmte Dinge in den Aufstellungen nicht wahrgenommen wurden. Dies habe ich allerdings erst mit einem gewissen Abstand realisieren können.

Für diese Form der Arbeit muss der Therapeut noch eine weitere Voraussetzung mitbringen: Er sollte seine eigenen Eltern lieben und achten. Wie kann er sonst seinen Klienten helfen, Mutter und Vater in Liebe und Achtung zu begegnen?

Trotz der Grenzen des Therapeuten ist das Ergebnis einer Aufstellung nie willkürlich. Bei einem furchtsamen Therapeuten kommt zwar nicht die ganze Wirklichkeit ans Licht, aber auch Teile davon rufen den Klienten zum Handeln auf. Ein Beispiel dafür möchte ich aus meiner einzeltherapeutischen Arbeit mit Hilfsmitteln geben.[5]

[5] Da ich meinen Klienten nicht jederzeit eine Gruppe anbieten kann, arbeite ich in meiner Praxis auch mit Hilfsmitteln. Dazu benutze ich bei Familienaufstellungen bunte Papierscheiben, die mit Pfeilen für die Blickrichtung versehen sind und auf die sich der Klient stellen kann. Sowohl der Klient als auch der Therapeut stellen sich zunächst abwechselnd auf eine solche Scheibe, um körperlich wahrzunehmen, wie sich das Familienmitglied fühlt. Sicherlich hat diese Form des Familienstellens nicht dieselbe Intensität wie mit Gruppenteilnehmern, doch lässt sich auch auf diese Weise Ordnung in das Familiensystem bringen, und es können Lösungen gefunden werden. Voraussetzung ist jedoch, dass man sämtliche Vorbehalte fahren lässt. Mit dem nötigen Ernst kann man sehr schnell eine wirklichkeitsgetreue Körperwahrnehmung erleben. Mittlerweile arbeite ich auch mit den von meiner Kollegin Frau Mack-Hamprecht entworfenen Holzfiguren.

Ein Mann war verheiratet und Vater. Vorher hatte er mit einer Freundin zusammengelebt. Diese hatte einen geistig behinderten Sohn geboren, der angeblich einem Seitensprung mit einem anderen Mann entstammte. Der Klient hatte die heftigsten Träume von diesem Sohn der Freundin, und so ließ ich ihn dieses Kind probeweise aufstellen. Der Mann vermochte auf den Hilfsmitteln nichts wahrzunehmen und war innerlich nicht offen. Doch konnte man auf den Scheiben sogleich eine intensive Verbindung zwischen dem Mann und dem Kind fühlen. Innerlich hörte ich auf der Position des Kindes den an den Mann gerichteten Ausruf: »Hallo, Papa!« Der Mann jedoch lehnte die Möglichkeit, das Kind könne von ihm sein, völlig ab. Er war auch nicht bereit, Hintergründe um die Vaterschaft zu erhellen.

Ein Jahr später nahm der Mann bei einer Kollegin an einer Aufstellungsgruppe teil. Auch hier kam dasselbe Ergebnis zustande: Der Stellvertreter des Sohnes sagte spontan zum Stellvertreter des Mannes: »Hallo, Papa!« Der Therapeutin war das Ergebnis des früheren Aufstellens bei mir nicht bekannt. Sie hatte ihrer Intuition vertraut und den angeblich nicht mit ihm verwandten Sohn aufstellen lassen. In so einem Fall wäre ein Vaterschaftstest angezeigt, doch der Mann war nicht dazu bereit.

In einer anderen Aufstellung einer Kollegin kam heraus, dass ein Mann noch ein Geschwister haben könnte. In der Realität sprach nichts dafür, und die toten Eltern konnten nicht mehr befragt werden. Einige Monate nach der Aufstellung fand die Frau des Klienten im Keller, in alten Kisten der Schwiegereltern, die Geburtsurkunde eines früh verstorbenen Bruders von ihm.

Der konkrete Ablauf solcher Familienaufstellungen ist im Anhang dieses Buches dokumentiert.

II
Wie menschliche Beziehungen gelingen

Bindung, Ordnung und Ausgleich

Die Beziehungen zu anderen Menschen können leidvoll und von Glück erfüllt sein. Einerseits dienen Beziehungen unserer persönlichen Entwicklung, andererseits werden wir durch sie in Anspruch genommen für Ziele, die jenseits unserer Wünsche liegen. Oft sind wir in Zusammenhänge eingebunden, die wir nicht durchschauen. Den stärksten Einfluss auf unsere Beziehungen hat dabei die Familie, erst die Herkunftsfamilie und später die Familie, die wir mit einem Partner gründen. Nach Hellinger sind uns die Bedingungen für das Gelingen von Beziehungen vorgegeben: die Bindung, die Ordnung und der Ausgleich zwischen Geben und Nehmen.

Die Bindung

Durch unser Gewissen sind wir an die Gruppe von Menschen gebunden, in die wir hineingeboren wurden. Diese Aussage mag zunächst befremdlich erscheinen. Doch wenn wir das Band, das uns mit den Familienmitgliedern verbindet, nicht oder nur selten spüren, heißt das noch lange nicht, dass es nicht existiert. Selbst zu Menschen, deren Existenz uns völlig unbekannt ist, kann eine tiefe Bindung bestehen.
Ein Beispiel: In einer Aufstellung ging es um zwei Geschwister, die in einem Konzentrationslager umgekommen waren. Die Spätergeborenen haben davon nie etwas erfahren, doch ihre intensive Bindung an die verschwiegenen Familienmit-

glieder war unübersehbar. Alle schauten wie hypnotisiert auf die Toten, alles andere war belanglos.
Die Bindung an Familienmitglieder muss also nicht immer bewusst sein. Jemand kann sagen: »Meine Mutter ist mir unwichtig, mit der habe ich keinerlei innere Beziehung! Nur zum Vater habe ich immer Nähe gespürt.« Die Realität in der Aufstellung zeigt jedoch etwas anderes. Die Bindung eines Kindes an seine Eltern wird selbst dann deutlich sichtbar, wenn jemand seine Eltern kaum erlebt hat und an einem anderen Ort aufgewachsen ist. Die Elternschaft als biologisches Faktum reicht für die Entstehung der Bindung völlig aus. Einwänden kann man mit der Frage begegnen: Gibt es etwas Größeres, als einem Wesen das Leben zu schenken?
Eltern sind mit ihren Kindern verbunden und umgekehrt. Zwar ist es besonders für das Kind wichtig, die Bindung an Vater und Mutter zu achten, doch müssen auch die Eltern sich diese Bindung bewusst machen. Hier ein extremes Beispiel:
Der Umgang mit Klienten hat gezeigt, dass das vorgetragene Problem nicht immer jenes ist, was die Seele gerne auf die Tagesordnung setzen möchte. Ein Mann kam in meine Praxis, um ein Berufsproblem zu lösen. Das schon beschriebene Stellen mit Hilfsmitteln wende ich des Öfteren auch bei anderen Problemen an. Ich bat den Klienten daher, sich und seine Berufsmöglichkeiten im Raum zu platzieren. Es ergab sich folgendes Bild:

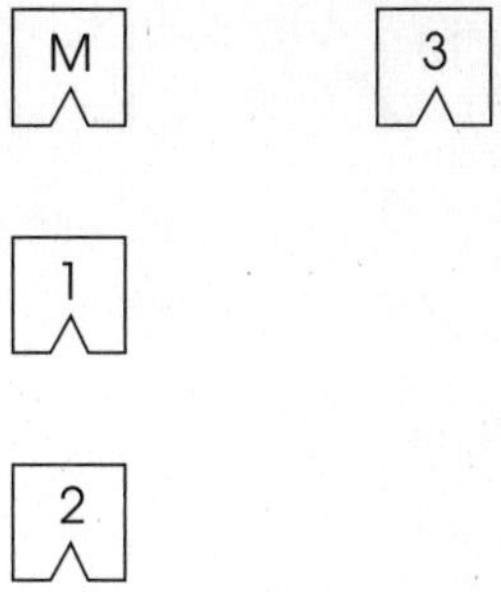

M: Mann, 1: Berufsmöglichkeit 1, 2: Berufsmöglichkeit 2, 3: Berufsmöglichkeit 3. Die Einkerbung der Symbole zeigt die Blickrichtung an.

Zunächst stellte sich der Mann auf das Hilfsmittel für die eigene Person, anschließend nahm ich diesen Platz ein. Auf dieser Position wurde man sofort unsagbar traurig und spürte einen deutlichen Stich im Herzen. Das Herz krampfte sich förmlich zusammen. Ich teilte das dem Mann mit und sagte: »Merkwürdig! Für eine Berufsaufstellung verstehe ich all das nicht. Hier handelt es sich um etwas ganz anderes.« Diese Vermutung hatte ich zum einen wegen der starken Trauer und der Herzschmerzen, zum anderen wegen der identischen Blickrichtung aller Hilfsmittel: Alles schaute in eine Richtung! Da fehlte etwas!
Nach meiner Schilderung von dem Stich in der linken Brustseite erzählte der Klient, dass er tatsächlich mit dem Herzen zu tun habe. Eine Vermutung darüber, was ihm denn »auf dem Herzen liegt«, hatte er nicht. Er war sichtlich ratlos. Im zweiten Schritt nahm ich ein Papier mit Fragezeichen und legte es der Vierergruppe gegenüber, so dass das Fragezeichen die vier anderen anblickte:

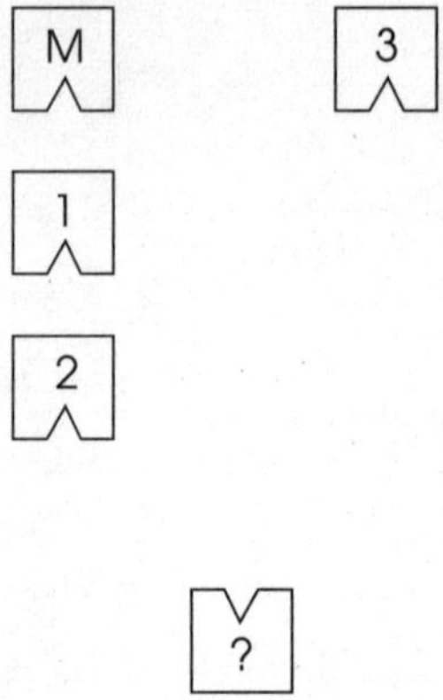

Auf dem Fragezeichen nahm ich wieder eine große Traurigkeit wahr, und eine Sekunde lang war mir, als sehe ich ein Kind, das zu ihm wollte. Doch ich traute meiner Wahrnehmung nicht und schwieg. Nach einer Weile sagte der Mann unvermittelt: »Das mit dem Fragezeichen könnte vielleicht mein unehelicher Sohn sein.« Es stellte sich heraus, dass er vor 30 Jahren einen Sohn gezeugt hatte, den er noch nie in seinem Leben gesehen hatte. Auch wenn sein Bewusstsein diesen Sohn fast vergessen hatte, die Seele erinnerte sich. Ich habe den Klienten ermutigt, über Ämter oder eine Detektei den Sohn ausfindig zu machen. Denn in seelischer Hinsicht ist es für beide von Bedeutung, dass sie Kontakt miteinander haben. Besonders für die Identitätsfindung des jungen Mannes ist es wichtig, seinen Vater kennen zu lernen.

Erst nachdem wir über all das gesprochen hatten, konnte ich ihm in der Berufsfrage einen Rat geben. Das Beispiel zeigt, dass selbst dann, wenn man überhaupt nicht an familiäre Probleme denkt, sie sich in den Vordergrund schieben können. Sie sind um vieles wichtiger als manch anderes Problem, das uns beschäftigt.

Wie immer nun die Gruppe (Familie), in die wir hineingeboren wurden, beschaffen sein mag: Wir fühlen uns eng mit ihr verbunden. Das Kind erlebt diese Bindung als Liebe und Glück, unabhängig davon, wie es sich in der Gruppe entfalten kann oder auch verkümmert. Diese Liebe kann als Urliebe oder primäre Liebe bezeichnet werden.
Mit unserem Gewissen reagieren wir auf alles, was die Bindung fördert oder sie in Frage stellt. Wir haben ein gutes Gewissen, wenn unser Verhalten die Gruppenzugehörigkeit bestätigt. Ein schlechtes Gewissen dagegen entsteht, wenn wir uns durch unser Verhalten von der Gruppe absetzen.
In einer Mafiafamilie beispielsweise wird das Gewissen auf bestimmte Umstände völlig anders reagieren und andere Dinge für richtig halten als in einer Beamtenfamilie. Vom Standpunkt des Kindes gibt es kein Gut oder Böse. Für das Kind ist immer das gut, was seine Bezugsgruppe gut findet. In welche Richtung das Pendel des Gewissens auch ausschlägt, sein Ziel bleibt, die Bindung an die Ursprungsgruppe zu sichern.
Nicht nur in der Familie dient das Gewissen dazu, die Bindung an die Gruppe aufrechtzuerhalten. Am Arbeitsplatz, im Fußballverein oder in unserem Freundeskreis sieht das Gewissen, das uns dazugehören lässt, jeweils anders aus. Doch die wichtigste Bindung des Menschen ist die an seine Familie. Erst danach folgen die Bindungen an größere Gruppen.
Folgendes Beispiel kann die Intensität der Kind-Eltern-Beziehung verdeutlichen: Kinder stellen sich Eltern oft in den Weg, wenn diese keine Lust mehr am Leben haben und aus der Familie tendieren. Dieses »In-den-Weg-Stellen« kann durchaus wörtlich verstanden werden. Eine Klientin stellte sich in einer Einzelaufstellung genau vor den Vater. Als sie auf der Papierscheibe für ihre Person stand, sagte sie: »Ich muss mei-

nen Vater stabilisieren, damit er bleibt.« Der Vater war des Lebens müde gewesen. Ihn zog es in der Aufstellung mit aller Kraft zu seiner Mutter (der Großmutter der Klientin), die er in seinem sechsten Lebensjahr plötzlich verloren hatte.

Wie intensiv Kinder an der Situation ihrer Eltern Anteil nehmen, zeigt auch ein anderes Beispiel: Ein verheirateter Mann, Vater von zwei Kindern, war überrascht, dass er nach dem Ergebnis einer Familienaufstellung mit Hilfsmitteln selbstmordgefährdet war. Der Mann fühlte sich weder krank noch lebensmüde. Doch in der Aufstellung war er auf mehrere Mitglieder der Herkunftsfamilie ausgerichtet, die sich umgebracht hatten oder früh gestorben waren. Seine Söhne standen ihm gegenüber und wollten den Vater daran hindern, dass er geht.

Wochen nach der Aufstellung erzählte mir der Mann, dass er eines Morgens den Jüngsten aus dem Bett holen wollte. Als der Vater ins Kinderzimmer trat, erwachte das Kind gerade und sagte: »Papa, du darfst noch nicht sterben. Papa, geh nicht weg.« In der Folge kam dem Klienten dann zum Bewusstsein, dass er tatsächlich seit vielen Jahren selbstmordgefährdet war. Doch hatte er es nicht wahrhaben wollen.

Die Bindungsliebe eines Kindes an die Eltern geht nicht selten bis zum Äußersten: Ein Vater bestrafte seinen Sohn, weil dieser trotzig war, und in der darauf folgenden Nacht erhängte sich das Kind. Noch im Alter trug der Mann schwer an seiner Schuld. Im Gespräch mit einem Freund erinnerte er sich, dass dieses Kind nur wenige Tage vor seinem Selbstmord bei einer bedeutenden Szene zugegen war und darauf reagiert hatte. Bei Tisch hatte die Mutter erzählt, dass sie wieder schwanger war. Das Kind hatte wie außer sich gerufen: »Um Gottes willen, wir haben doch keinen Platz!« Und der schon alte Vater begriff: Das Kind hatte sich geopfert, um den

Eltern ihre Sorgen abzunehmen. Der Sohn hatte für sein neues Geschwister Platz gemacht. (MFL: 82)

Die Ordnung

Allein der Klang des Wortes »Ordnung« mag bei manchem unangenehme Erinnerungen wecken. Man denkt vielleicht an Aufräumen, Disziplin in der Schule oder am Arbeitsplatz, Unterwerfung, starre Regeln. Bei den Zahlen sichert die natürliche Ordnung, dass die Eins nicht nach, sondern vor der Zwei kommt, so wie diese wiederum vor der Drei steht. Wenn man diese Ordnung durcheinander bringt, entsteht Chaos. Auch in Familiensystemen gibt es eine Ordnung. Unabhängig davon, ob wir die Ordnung kennen oder nicht, ist sie vorhanden und wirkt. Zur Ordnung gehört die Rangordnung – wieder ein scheinbar »schlimmes Wort«. In der Familie ist die Ordnung durch die Zeit begründet, dadurch, ob jemand früher oder später kam. Eltern haben auf diese Weise Vorrang vor den Kindern. Wenn man diese natürliche Ordnung umkehrt, entsteht, genau wie bei den Zahlen oder dem Alphabet, ein heilloses Durcheinander.

In unserem Alltag können wir die Bedeutung des Früher oder Später ständig erleben. Wenn wir an einem Arbeitsplatz oder in einem Verein Neuling sind, werden wir zunächst zurückhaltend sein. Denen, die schon länger dabei sind, fällt es unangenehm auf, wenn ein Neuling sich sofort die gleichen Rechte herausnimmt.

Die Ordnung verlangt auch, dass ein totgeschwiegenes uneheliches Geschwister oder ein tot geborenes Kind *offen* dazugehören dürfen. Ein Beispiel: Ein junger Mann aus dem arabischen Kulturraum war permanent krank und fühlte sich schlecht, doch kein Arzt konnte helfen. Es stellte sich heraus, dass in seinem Familiensystem ein Bruder nicht offen dazugehören durfte. Er wurde vom Klienten vertreten. Der Bruder war geistig behindert gewesen und verstarb im Alter von drei Jahren. Das nächste Kind war der Klient. Er erhielt den Namen und die Personalpapiere des toten Bruders. Immer fühlte er sich älter, und die Wirklichkeit bestätigte ihm das auch. Er wurde zu früh eingeschult und erhielt auch den Führerschein vor dem Mindestalter. Die Lösung verlangt hier, dass der Tote offen zum System dazugehören darf und als eigenständiges Wesen betrachtet wird. In der Aufstellung sagte der Klient zu seinem Bruder: »Lieber Mustafa, du bist mein drei Jahre älterer Bruder. In meinem Herzen hast du einen Platz. Bitte schau freundlich auf mich, wenn ich bleibe.« Die Zugehörigkeit zum Familiensystem verspielt dagegen eine Mutter, die ein Kind ohne Not zur Adoption freigibt. Ein anderer Verstoß gegen die natürliche Ordnung liegt beispielsweise vor, wenn eine zweite Ehefrau auf die Kinder des Mannes aus erster Ehe eifersüchtig ist. Für den Mann werden diese Kinder immer vor der neuen Frau rangieren. Nur wenn sich die Frau mit ihrem zweiten Rang zufrieden gibt, kann die Ehe gut gehen, denn ein Recht auf Eifersucht hat sie nicht.

Die richtige Ordnung ist nicht beliebig veränderbar, sondern als Tatsache vorhanden und kann im Familienstellen erfahren werden. Denn auch Stellvertreter, die zum ersten Mal an einer Familienkonstellation mitwirken und noch nie eine Zeile von Hellinger gelesen haben, können diese Ordnung klar und deutlich abbilden. Wenn man sich in der eigenen Familie der Ordnung fügt, stellt sich ein Gefühl der Erleichterung ein. Das ist auch der tiefere Sinn des Ausdrucks »Es kommt in Ordnung«.

Anders als Eltern und Kinder sind in der Paarbeziehung Mann und Frau gleichberechtigt. Zur Ordnung zählt, dass ein früherer Partner Vorrang vor einem späteren hat. Wenn der frühere Partner nicht gewürdigt wird, hat dies auf die spätere Partnerschaft und die daraus resultierenden Kinder Auswirkungen. Bei den Systemen allerdings gilt: Das spätere System hat Vorrang vor dem früheren System.

Der Ausgleich zwischen Geben und Nehmen

»Geben und Nehmen« – klingt das nicht nach »Monopoly« oder Kapitalismus? Was hat dies mit menschlichen Beziehungen zu schaffen? Wir wissen, dass es Beziehungen gibt, in der der eine Partner mehr »investiert« als der andere und dass es dadurch zu Spannungen kommt.

In manchen Kreisen von Selbstverwirklichern herrscht die Meinung, man müsse »selbstlos und bedingungslos lieben«, und wer einem anderen etwas gibt, soll sich völlig frei davon machen, etwas zurückzuerwarten. Des Weiteren wird davon ausgegangen, man könne jeden Menschen so lieben wie seinen Partner oder seine Eltern. Solche Vorstellungen sind nicht nur wirklichkeitsfremd, sondern zerstören jede Form von Beziehung.

Erst das Bedürfnis nach dem Ausgleich zwischen Geben und Nehmen macht einen Austausch zwischen Menschen möglich. Wenn zum Beispiel der eine fortwährend gibt, gerät der Nehmer unter Druck, ebenfalls etwas zu geben. Verhindert der Geber dies, weil er nichts annehmen will, ist die Beziehung gefährdet. Wer verweigert, dass man ihm gibt, will der Mächtigere sein, und auf Dauer verträgt dies keine Beziehung. Nur zwischen Eltern und Kindern gilt ein anderes Verhältnis, da Eltern in erster Linie geben und Kinder nehmen. Kinder können ausgleichen, indem sie das von den Eltern Empfangene später einmal weitergeben.

In einer guten Partnerschaft kommt es nicht nur zum Ausgleich des Gebens und Nehmens, sondern der Nehmer gibt häufig dem Geber etwas mehr zurück. Daraufhin gibt der Erstere wieder etwas mehr, und auf diese Weise kann eine Ehe oder Partnerschaft wachsen und gedeihen. Je größer der Umsatz von Geben und Nehmen, desto größer ist das Glück. Doch der erhöhte Umsatz hat eine Wirkung, die von manch einem gefürchtet wird: Er vertieft die Bindung.

Wer dagegen »Freiheit« will, der darf sich nur wenig und mit geringem Einsatz am Geben und Nehmen beteiligen. Wer der Ansicht ist, er bräuchte nicht zu nehmen, sondern nur zu geben, hält sich für besser und wird schnell einsam. Eine Partnerschaft oder Ehe hält ein solches Ungleichgewicht nicht lange aus. Es kommt zum Bruch. Das Erlebnis einer Klientin verdeutlicht dies.

Eine Frau zog mit ihrem Freund zusammen, der noch in der Ausbildung war. Sie hatte einen guten Beruf und übernahm nicht nur seinen Mietanteil an der Wohnung, sondern auch die Kosten seiner Ausbildung. Als die Ausbildung beendet war, so erzählte sie mir erbost, zog der Mann, als sie gerade nicht zu Hause war, mit Sack und Pack aus der Wohnung aus. Die Partnerschaft war beendet.

»Dieser undankbare Kerl!«, wird mancher denken. Doch der Mann konnte gar nicht anders, denn das Gleichgewicht zwischen Geben und Nehmen war unrettbar gestört. Es gab keine Ebenbürtigkeit der Partner. Eine Lösung wäre vorstellbar, wenn der Mann sich das Geld für Miete und Ausbildung nebenbei verdient oder es sich bei seinen Eltern oder einer Bank geliehen hätte. Er hätte das Geld auch am Schluss der

Ausbildung der Partnerin zurückzahlen können bzw. sich dazu in einem bestimmten Zeitrahmen verpflichten können. Auf diese Weise wäre der Mann aus seiner bedürftigen Position wieder in die des Gleichberechtigten gelangt. Umgekehrt hätte die Frau dem Mann das Geld nie schenken dürfen, weil sie dadurch die ihm Überlegene wurde.

Auch im umgekehrten Fall der Geschlechter gilt, dass jeder Partner die *eigenen* Angelegenheiten, wie zum Beispiel die Berufsausbildung, selbst bestreiten muss.

Heiratet eine wohlhabende Frau einen armen Mann, steht eine solche Verbindung meist auf wackligem Fundament. Die Frau ist ständig die Gebende und der Mann der Nehmende. Der Gatte, der den Ausgleich nicht erreichen kann, reagiert mit der Zeit böse. Auch wenn ein alter Mann eine junge Frau heiratet, kommt es häufig zu Komplikationen. Eine feste Regel für den Altersabstand kann man sicherlich nicht aufstellen, doch Hellinger hat eine treffende Formulierung dafür gefunden. Er erkundet, ob der eine Partner »die Zukunft schon hinter sich hat«, während der andere sie noch »vor sich« hat. Die junge Frau wird sich zum Beispiel an dem alten Mann dafür rächen, dass sie auf bestimmte Dinge verzichtet, die sie mit einem jüngeren hätte haben können, beispielsweise Kinder. Diese Prozesse laufen oft auf der unbewussten Ebene ab.

In Partnerschaften, aber auch in anderen Bereichen, trifft man immer wieder auf die großzügigen Geber. Diese Haltung ist als »Helferideal« recht angesehen. Unausgesprochen sagt der Helfer jedoch: »Lieber sollst du dich verpflichten als ich.« Insbesondere bei Angehörigen der psychosozialen Berufe ist diese Auffassung zu finden. Wer sich weigert zu nehmen, will oft seine Überlegenheit bewahren und zu nichts verpflichtet sein. Doch innerlich fühlt er sich leer und unausgeglichen.

Immer wieder gibt es im Leben Situationen, in denen der Nehmer nicht zurückgeben kann, zum Beispiel weil er schwer behindert oder krank ist. Das Danken ist dann die einzige Möglichkeit eines Ausgleichs. Wenn es mit Achtung und Liebe geschieht, fühlt sich auch der Geber reich beschenkt.

Schuld und Unschuld

Mit dem Geben und Nehmen beginnen unsere Erfahrungen von Unschuld und Schuld. Das Gefühl, »ich bin dem Geber jetzt verpflichtet«, das beim Beschenkten entsteht, wird als eine Art Schuld erlebt. Sie äußert sich als Unbehagen oder Druck, und wohl jeder kennt dieses Gefühl. Unschuld dagegen empfinden wir, wenn wir gegeben haben: Wir fühlen uns leicht und frei von jeder Verpflichtung. Unschuld als Anspruch und Schuld als Verpflichtung fördern in ihrem Zusammenspiel den menschlichen Austausch.

Beim Nehmen und Geben gibt es aber auch eine böse Schuld und eine böse Unschuld, wenn der Empfänger beispielsweise ein Täter und der Geber ein Opfer ist. Beide unterliegen dem Bedürfnis nach Ausgleich. Das Opfer hat darauf Anspruch, und der Täter fühlt sich dazu verpflichtet. Nach der Tat will das Opfer dem Schuldigen schaden und ihm ein Leid antun. Erst wenn beide, Täter und Opfer, gleichermaßen böse waren und gleich viel verloren und gelitten haben, sind sie sich wieder ebenbürtig, denn mit der Wiederherstellung des Schadens allein ist es nicht getan. Unserem christlichen Weltbild entspricht das ganz und gar nicht. »Von der anderen Wange«, die man auch noch hinhalten soll, ist bei dem ehemaligen Missionar Hellinger jedenfalls nicht die Rede.

Versöhnung ist seiner Meinung nach erst möglich, wenn auch der Unschuldige böse wird und Sühne fordert. Damit Beziehungen aber fortgesetzt werden können, ist es notwendig, dass das Opfer dem Täter ein bisschen weniger antut, als es erlitten hat, ansonsten ist die Beziehung zu Ende. Im Folgenden ein Beispiel, wie wichtig in einer Ehe der Ausgleich im Bösen ist.

Der Ausweg

Eine Frau trug seit 20 Jahren ihrem Mann nach, dass er nur wenige Tage nach der Hochzeit mit seinen Eltern sechs Wochen in Urlaub fuhr und sie allein zurückließ, weil seine Eltern für ihr Auto einen Fahrer brauchten. Bislang hatten alle Entschuldigungen von Seiten des Mannes nichts gefruchtet.
Der Mann erzählte diese Geschichte einem Freund, worauf dieser entgegnete: »Am besten sagst du ihr, sie darf sich etwas wünschen oder etwas für sich tun, das dich genauso viel kostet, wie es sie damals gekostet hat.«
Da strahlte der Mann und begriff. Jetzt hatte er die Lösung. (ZG: 24/MFL: 26)

Der Ausgleich in der Erziehung

Nicht nur in Ehe und Partnerschaft, auch in anderen Lebensbereichen muss es den Ausgleich im Guten wie im Bösen geben, wie das nächste Beispiel zeigt. In Südafrika war Bert Hellinger Rektor und Pfarrer an einer Schule gewesen. Am Gründonnerstag sagten die Schüler, sie würden gern in die Stadt gehen, da sie frei hätten. Er erlaubte es ihnen, doch bat er sie, bis zum Gottesdienst zurück zu sein, da er sie zum Singen brauchte. Doch die Schüler kamen erst am Abend zurück. Damit hatten sie dem Leiter etwas angetan, und um die Ordnung wiederherzustellen, war ein Ausgleich fällig.
Die Schule hatte eine Art von Selbstverwaltung, und am Abend wurden die Schüler zusammengerufen. Als Erstes hat

der Rektor sie eine Viertelstunde sitzen lassen und sich nicht geäußert. Als Zweites sagte er dann: »Die Disziplin ist zusammengebrochen. Ihr wollt ja etwas von mir und der Schule. Wenn ich euch das nicht mehr geben will, was macht ihr dann? Ihr müsst mich wieder gewinnen. Ich mache euch daher einen Vorschlag. Ihr ruft morgen früh alle Schüler zusammen und besprecht mit ihnen, wie ihr die Disziplin wiederherstellt.«

Am nächsten Morgen berieten die Schüler vier Stunden und machten einen Vorschlag. Doch dieser hätte ihnen zum Ausgleich nicht genug abverlangt. Hellinger sagte: »Nein, das ist lächerlich, beratet noch einmal!« Sie berieten wieder vier Stunden und schlugen vor: »In den Ferien arbeiten wir einen ganzen Tag auf dem Fußballplatz und bringen ihn in Ordnung.« Das genügte, denn es war ein angemessener Ausgleich. Als es dann so weit war und die Schüler einen halben Tag auf dem Fußballfeld gearbeitet hatten, wurde ihnen der Rest der Arbeit erlassen. Nie mehr hat es an der Schule Disziplinschwierigkeiten gegeben. (AWI: 55)

Das Entgegenkommen auf halber Strecke ist pädagogisch wichtig. Wenn eine Mutter zu konsequent ist, verliert sie die Liebe. Sie muss nachgeben, damit die Liebe gegen die Prinzipien erhalten bleibt. Doch wenn eine Mutter keine Prinzipien hat, schadet dies den Kindern auch.

Nicht selten kommt es dazu, dass in einer Familie ein Mitglied aus Liebe Schuld für einen anderen übernimmt. Ein Beispiel:

Der Rächer

Ein etwa 40-jähriger Mann fühlte Angst, erwürgt zu werden oder selber jemanden zu erwürgen, obwohl sich aus seinem Charakter und seinem Verhalten keine Anzeichen dafür ergaben. In der Familie jedoch hatte Gewalt stattgefunden. Ein Onkel, der Bruder seiner Mutter, war ein Mörder. In seinem Betrieb hatte er eine Angestellte, die auch seine Geliebte war. Eines Tages zeigte er ihr das Foto einer anderen Frau und bat sie, sich genauso zu frisieren. Nachdem die Frau längere Zeit mit dieser Frisur gesehen worden war, fuhr er mit ihr ins Ausland und brachte sie um. Dann reiste er mit der auf dem Foto abgebildeten Frau in sein Heimatland, wo sie seine Angestellte und Geliebte wurde. Doch die Tat wurde aufgedeckt, und er erhielt lebenslange Haft.

Der Psychotherapeut des oben erwähnten Klienten wollte noch mehr von der Familie wissen. Nach einigen Nachforschungen stellte sich heraus, dass die Großmutter, die Mutter des Mörders, eine angesehene fromme Frau war. Diese Großmutter hatte aber ihren Mann, den Großvater, in der Nazizeit als homosexuell angezeigt, worauf der Mann ins KZ gebracht und ermordet worden war.

Der eigentliche Mörder im Familiensystem war also die fromme Großmutter. Der Sohn dagegen trat als Rächer seines Vaters auf. In diesem Beispiel liegt etwas vor, das Hellinger eine »doppelte Verschiebung« nennt. Der Sohn übernahm die Rache anstelle des Vaters – das ist die Verschiebung im Subjekt. Doch anstatt die Mutter umzubringen, ermordete er die geliebte Frau – die Verschiebung im Objekt. Dadurch übernahm er die Folgen nicht nur für die eigene Tat, sondern auch für die der Mutter. Kinder in ihrer Urliebe wollen beiden Eltern ähnlich werden: Durch die Tat wurde er der Mutter ähnlich und durch die Haft dem Vater. (ZG: 149 f.)

Ein anderes Beispiel dafür, wie wichtig es ist, dass der Schuldige zu seiner Schuld steht. Ein Mann hatte seine alte Mutter erwürgt. Die Frau des Mörders fragte Bert Hellinger, ob er ihrem Mann helfen könne. Er sagte Ja, doch er fügte hinzu: »Unter Würdigung des Opfers.«

Der Mann schrieb einen Brief und erbat von Hellinger ein psychologisches Gutachten, in dem stehen sollte, dass er zum Tatzeitpunkt nicht zurechnungsfähig gewesen sei. Der Mann führte ein Unternehmen und war geistig völlig normal. Hellinger verweigerte deshalb das Gutachten. Dennoch wurde der Mörder vom Gericht als unzurechnungsfähig freigesprochen. In der Folgezeit ist eines der beiden Adoptivkinder des Mörders tödlich verunglückt. Das Kind hatte die Schuld übernommen.

Eines Tages kam der Unternehmer zu Bert Hellinger. Hellinger sagte zu ihm: »Eigentlich gehörst du ins Gefängnis.« Der Mann machte Hellinger Vorwürfe, er hätte erkennen müssen, wie aggressiv er sei. Hellinger ging nicht darauf ein und entgegnete: »Auch wenn du jetzt frei bist, musst du so leben, als seiest du im Gefängnis.« Anschließend hat der Mann für das umgekommene Kind eine Stiftung errichtet. Seine Mutter aber hatte er völlig vergessen. (Aus einer Podiumsdiskussion mit Bert Hellinger und Tilman Moser 1996.)

Das Kind übernimmt oft die Schuld bei einer Mussheirat

Ein Beispiel: Ein Mann und eine Frau zeugen ein Kind, und es kommt zu einer Mussheirat. Wenn die Eltern in der Ehe unglücklich sind, nimmt das Kind die Schuld auf sich. Es leidet als Ausgleich für das Unglück der Eltern. Hellinger sagt solchen Kindern: »Du bist kein Vertragspartner, das sind deine Eltern. Sie haben sich auf den sexuellen Vollzug eingelassen mit allen Folgen, und du nimmst die Eltern zu dem Preis, den es sie kostet.« Eine solche Haltung einzunehmen ist sehr viel schwerer, als sich schuldig zu fühlen.

Das Verzeihen als falscher Umgang mit Schuld

Nicht nur das Verzeihen hat oft üble Folgen, sondern auch das Bitten um Verzeihung ist schlimm. Ein Mensch hat nicht das Recht zu verzeihen. Wenn mich einer um Verzeihung bittet, dann schiebt er dem anderen die Verantwortung für seine Schuld zu.

Wenn ich früher jemandem verziehen habe, ging es mir hinterher zuweilen schlecht damit. Jetzt verstehe ich, warum: Durch mein »großmütiges Verzeihen« habe ich dem anderen die Gelegenheit genommen, mit mir wieder eine Ebene einzunehmen. Ähnlich ist es, wenn einer beichtet. Er schiebt dem anderen die Folgen seines Verhaltens zu. Außerdem verhindert das Verzeihen die Ebenbürtigkeit in der Beziehung, es schafft ein Gefälle von oben nach unten. Sagt man »es tut mir Leid«, kann der andere viel eher auf einen zugehen, als wenn man ihn um Verzeihung bittet.

Verzeihen kann aber sinnvoll sein, wenn es *gegenseitig* geschieht. Bei einer Ehescheidung beispielsweise hilft es meiner

Erfahrung nach beiden, wenn sie sich in die Augen schauen und sich alles verzeihen, was sie sich jemals angetan haben. Dadurch werden beide schneller frei für die Zukunft.

Verzeihen dient nicht selten dem Ausweichen vor einem Konflikt, statt ihn zu lösen. Wenn ein Opfer dem Täter die Schuld erlässt, das nämlich bedeutet Verzeihen meist, wirkt sich das immer schlimm aus. Versöhnung ist nur möglich, wenn der Unschuldige Wiedergutmachung und Sühne fordert, er hat sogar im Dienste der natürlichen Ordnung die Pflicht dazu. Umgekehrt hat der Schuldige nicht nur die Pflicht, sondern auch das Recht, die Folgen seiner Tat zu tragen. Er hat auch das Recht, mit dem Groll des anderen konfrontiert zu werden.

All das sind ziemlich ungewohnte Gedanken. In vielen Büchern mit dem Thema »Praktische Lebenshilfe« lesen wir Tipps, deren Befolgung leider nicht das bewirken, was sie verheißen. Ich greife einmal ein Beispiel heraus.

Ein spiritueller Lehrer rät in einem seiner Bücher: »In unserem Leben müssen wir lernen, Menschen bedingungslos zu lieben. (...) wir dürfen uns nicht verletzt fühlen oder Groll hegen, wir müssen nur lieben. Das ist die Macht der Liebe, wie ich sie verstehe.«

Wenn uns jemand tief verletzt hat, ist es unsinnig, so zu tun, als seien wir nicht verletzt. Der andere hat ein Recht darauf, damit konfrontiert zu werden, und auch wir sind es uns schuldig, die Verletzung auszudrücken.

Vor kurzem kam ein Mann zu mir, der sehr zerknirscht über das war, was er seiner Frau angetan hatte. Er hatte während der Ehe eine Freundin und hielt das längere Zeit geheim. Während dieser Zeit übte jene Freundin anonymen Telefonterror auf die Frau aus. Der Mann wusste nichts davon. Es kam zur Trennung, und er lebte mit der Freundin zusammen. Die Nähe jedoch, die früher vorhanden war, löste sich schnell

auf. Glück auf Kosten von anderen, ist meist nur ein kurz währendes Glück. Der Mann wollte jetzt wieder zu seiner Frau zurück. Er traf sich öfter mit ihr, und zu seinem Erstaunen war sie ihm gar nicht böse: »Sie sagte zu mir: ›Ich habe dir schon alles verziehen‹«, erzählte er.
Bei all dem, was an Verletzungen geschehen ist, ging das natürlich viel zu schnell. Ich riet ihm, sich damit nicht zufrieden zu geben. Wenn die beiden wieder zusammenleben und alles so bleibt, wie es jetzt ist, wird er sich ihr gegenüber immer klein fühlen. Ein Austausch von Gleichberechtigten findet nicht statt. Wenn er sie aber, wie in der bereits vorgestellten Geschichte »Der Ausweg«, bittet, dass sie sich von ihm etwas wünscht, das ihn fast so viel kostet wie damals die Frau, dann kann die Waage wieder ins Gleichgewicht kommen.
Im Dienste der Beziehung ist es allerdings förderlich, wenn der Unschuldige in seiner Forderung nach Ausgleich nicht bis an die Grenze geht und dass er die Wiedergutmachung und die Sühne auch wirklich annimmt. Ohne diese Bemühungen gibt es keine Versöhnung. In der Praxis kann man bei Ehe- und Partnerschaftskrisen häufig beobachten, dass die Versöhnung nicht an dem Schuldigen scheitert, sondern am Unschuldigen. Er ist böse und fühlt sich dem Schuldigen überlegen. Der Unschuldige weist häufig den Schuldigen zurück, als bräuchte er ihn nicht. Gegen solche Unschuld hat ein Schuldiger keine Chance!

Schicksal und Schuld

Es kommt auch vor, dass sich jemand durch Schicksalsumstände schuldig fühlt. Ein drogensüchtiger Jugendlicher hatte bei seiner Geburt die Mutter verloren. Selbstverständlich ist er unschuldig am Tod der Mutter, doch fühlte er sich trotzdem schuldig. Die unbewusste Dynamik bei ihm lautete: »Weil es für dich so schrecklich war, liebe Mama, geht es auch mit mir schlecht weiter. Es darf mir nicht gut gehen.« Es ist eine magische Form von Liebe, wenn das Kind glaubt, es könne durch eigenes Leid für ein früheres Leid bezahlen.

In der Familienaufstellung ließ die Therapeutin den Sohn zur Mutter sagen: »Ich nehme das Leben zu dem Preis, den es dich gekostet hat, und ich mache dir zum Andenken etwas Gutes daraus. Bitte segne mich, wenn ich bleibe.« Der Jugendliche gab die Drogen auf, machte noch seinen Schulabschluss und konnte später eine Partnerschaft eingehen.

Ein anderes, diesmal konstruiertes Beispiel. Im Motor eines Hubschraubers kommt es zu einer Explosion, obwohl der Helikopter regelmäßig gewartet worden war. Vier Insassen werden getötet, nur der Pilot überlebt. Trotz der Unschuld des Piloten wird dieser sein Überleben mit dem Tod der anderen in Verbindung bringen. Er fühlt sich schuldig, wenn er glücklich weiterleben würde. Auch in diesem Fall gibt es ein Bedürfnis nach Ausgleich. Wer vom Schicksal »bekommen« hat, indem er überlebte, meint, »geben« zu müssen von seinem Glück. Doch dem Schicksal ist es völlig gleichgültig, ob wir glauben, wir seien ihm etwas schuldig.

In solcher schicksalhafter Schuld und Unschuld erfahren wir uns als machtlos. Deswegen können wir nur schwer damit umgehen. Die Lösung wäre hier, sich in einen undurchschaubaren Zusammenhang zu fügen. Das ist mit Demut verbunden. Ein Begriff, der alles andere als populär ist, dem wir aber häufig in der Aufstellungsarbeit begegnen. Die Demut macht es möglich, mein Leben und mein Glück so zu nehmen, wie es mir zufällt, unabhängig davon, was andere dafür bezahlt haben. Wenn ich ein schwereres Los als andere gezogen habe, lässt mich die Demut dem Schicksal zustimmen. Nicht ich bestimme das Schicksal, sondern das Schicksal bestimmt mich.

Ein Beispiel, das Bert Hellinger erzählt hat, mag dies erläutern: An einem Seminar nahm ein sympathischer Mann teil, der meist wie leblos dasaß. In einer Altersrückführung stellte sich heraus, dass er als Fünfjähriger in seiner Schulter einen Tumor hatte. Mit besorgter Miene standen die Ärzte um das Bett herum, und in diesem Augenblick ist er innerlich gestorben. Er wurde operiert, und es zeigte sich, dass der Tumor glücklicherweise gutartig war. Trotzdem lebte er mit dem Gefühl, abgestorben zu sein, weiter. In solchen Fällen ist das Danken für die Errettung von Bedeutung. Man kann anschließend das Geschenk des Lebens annehmen und etwas daraus machen. Auch wenn jemand beim Schwimmen schon das Bewusstsein verloren hatte und fast ertrunken wäre, ist die Dynamik ähnlich wie in dem geschilderten Fall.

Das Gewissen

Alles Handeln, das andere Menschen betrifft, wird begleitet von einem Gefühl der Schuld oder Unschuld. Dieses Gefühl, ob unser Handeln der Beziehung nutzt oder schadet, übermittelt uns unser Gewissen. Es funktioniert ähnlich wie der Gleichgewichtssinn, der uns immer wieder in die Balance bringt. Das Gewissen ist unserem Wollen überlegen und reagiert reflexartig, wenn wir zu weit von unserem Kurs abgekommen sind und unsere Zugehörigkeit zu einer Gruppe oder die Bindung an einen Menschen gefährdet ist.

Zu den Voraussetzungen für menschliche Beziehungen gehören die Bindung, der Ausgleich und die Ordnung. Das Zusammenspiel dieses Dreigestirns bildet unser Gewissen. Diese drei Bedingungen werden auch gegen unseren bewussten Willen als Trieb, Bedürfnis und Reflex erfüllt und beziehen die Familie mit ein.

Etwas ganz anderes verstand Sigmund Freud unter Gewissen. Für ihn war es die Wirkung des Über-Ichs auf das Ich; es war eine Instanz innerhalb der Person, die durch ihre zuweilen überhöhten Ansprüche viel Druck ausübt. Für Hellinger dagegen ist das Gewissen ein der Willkür überlegener gleichgewichtsartiger Sinn, der im Dienste der Beziehung steht.

Obwohl die Bedürfnisse nach Bindung, Ausgleich und Ordnung im Dienste der Beziehung zusammenwirken, wird jeder Bereich mit einem eigenen Gefühl der Schuld und Unschuld erlebt.

- Bei der Bindung erleben wir Unschuld als Gefühl von Zugehörigkeit zur Gruppe und Schuld als Ausgeschlossensein. Die Bindungsschuld wird als eine schwere Schuld erfahren.
- Im Ausgleich von Geben und Nehmen wird die Unschuld als Freiheit von Verpflichtung und Leichtigkeit wahrgenommen, die Schuld als Verpflichtung erlebt.
- In Fragen der Ordnung wird Schuld und Unschuld unterschiedlich erlebt, je nachdem, worauf sie bezogen sind (s. S. 49). Wo die Ordnung geltende Regeln meint, wird die Unschuld als Treue und Gewissenhaftigkeit wahrgenommen, die Schuld als Übertretung und Furcht vor Strafe.

Jedem dieser drei Ziele dient das Gewissen auch dann, wenn sie sich widersprechen. So entstehen Gewissenskonflikte. Betrachten wir ein Beispiel, bei dem das Bedürfnis nach Ordnung mit dem nach Bindung und Liebe kollidiert. Ein Vater bestraft seinen aufmüpfigen Sohn, indem er ihn zwei Stunden im Keller bestimmte Aufräumarbeiten machen lässt. Wenn der Vater den Sohn zwei Stunden im Keller arbeiten lässt, ist der Ordnung zwar Genüge getan, nicht aber der Liebe (Bindung). Deshalb ist es gut, wenn er schon etwas eher in den Keller geht und dem Sohn den Rest der Strafe erlässt. Beim folgenden Beispiel stehen Bindung und Ausgleich zwischen Geben und Nehmen im Widerspruch. Wenn der eine Partner dem anderen etwas angetan hat und es im selben Maß zurückgegeben wird, ist es mit der Bindung zwischen den beiden schlecht bestellt. Derjenige, dem geschadet wurde, sollte dem anderen etwas weniger des Schlimmen antun. Auf diese Weise kommt es zwar nicht ganz zum Ausgleich, aber die Liebe kann wieder ihr Recht erfahren.

Doch nicht nur unsere Bedürfnisse nach den drei Grundbedingungen gegenüber einem einzelnen Menschen widersprechen sich, sondern auch unsere Beziehungen zu verschiedenen Menschen können unterschiedlichen Interessen dienen und in Konflikt miteinander geraten. Wenn wir etwas Gutes für die eine Beziehung tun, kann es einer anderen Beziehung schaden. Wir machen uns gleichzeitig in bestimmten Zusammenhängen schuldig und in anderen unschuldig.

Schuld und Unschuld treten immer gemeinsam auf. Wie man seinem Gewissen auch folgt, es spricht uns sowohl schuldig als auch frei. Wer einseitig auf die Unschuld baut, kann sich nicht entwickeln, denn Schuld und Unschuld dienen demselben Ziel. Durch ihre Wechselwirkung fördern sie unsere Beziehungen. Bert Hellinger vergleicht Schuld und Unschuld mit Pferden, die vor *einen* Wagen gespannt werden. Derjenige, der die Zügel in die Hand genommen hat, ist jedoch nicht unser Ich mit seinem Wünschen und Wollen, sondern unser Gewissen.

Das Gewissen dient einer höheren Ordnung

Zuweilen wird das Gewissen isoliert erlebt. Meist aber ähnelt es einer Gruppe, in der unterschiedliche Ziele von unterschiedlichen Stimmen mit unterschiedlichen Gefühlen der Schuld und Unschuld verwirklicht werden wollen. Das mag konfliktträchtig erscheinen, doch dienen diese Klärungsprozesse einer höheren Ordnung. Unschuldig können wir aus alldem nicht hervorgehen. Zudem können sich Schuld und Unschuld zum Verwechseln ähnlich sein, je nach der Perspektive, die gerade eingenommen wird. Erst die Wirkung zeigt später, wo Schuld und Unschuld lag.

Die Grenzen des Gewissens

Das Gewissen bindet uns nicht nur, es grenzt auch ein und aus. Um das Gefühl der Zugehörigkeit zu erhalten, sprechen wir es anderen oft ab, nur weil sie anders sind. Dieses Verhalten, das uns unser Gewissen zur Bindung an die Gruppe auferlegt, kann schlimme Folgen haben. Die Kreuzzüge im Mittelalter sind ein anschauliches Beispiel dafür, genauso wie in unseren Tagen die Auseinandersetzungen im früheren Jugoslawien. Die Geschichte zeigt immer wieder, wie wir uns gegenseitig für das Gute eine Grenze setzen und für das Böse diese Grenzen im Namen des Gewissens aufheben.

Schuld und Unschuld dürfen deswegen nicht mit Gut und Böse verwechselt werden. Die schlimmsten Taten werden oft mit dem besten Gewissen durchgeführt und die besten Taten nicht selten mit einem schlechten Gewissen. Das Gute, das Frieden stiftet und versöhnt, muss die Grenzen überwinden, die uns das Gewissen durch die Bindung an die Gruppe auferlegt. Es folgt einem verborgenen, in den Dingen liegenden Gesetz, und die Gegenwart dieses Guten ist nur an der Wirkung erkennbar.

Das Sippen- oder Gruppengewissen

Jene Gruppe, aus deren Mitte wir hervorgegangen sind, ist unausweichlich und schicksalhaft mit uns verbunden. Was andere in der Gruppe erlitten oder verschuldet haben, wird durch ein besonderes Gewissen, das Sippen- oder Gruppengewissen, für uns als Anspruch oder Verpflichtung spürbar, wenn auch meist unbewusst. Somit ist das unmittelbar erfahrbare persönliche Gewissen vom meist unbewusst wirkenden Gruppengewissen zu unterscheiden. Das persönliche Gewissen wird direkt als Lust und Unbehagen spürbar, wenn zum Beispiel eine fremdgehende Frau ihrem Mann in die Augen schaut und ihn belügt. Das Sippengewissen dagegen wird *nicht gefühlt.*

Das individuelle Gewissen bezieht sich auf die mit uns direkt verbundenen Personen wie Partner, Kinder, Eltern, Geschwister, Freunde und könnte auch als vordergründiges Gewissen bezeichnet werden. Es wird zwar unmittelbar von uns gefühlt, ist aber dem Gruppengewissen untergeordnet, und oft verstoßen wir sogar gegen das Gruppengewissen, indem wir dem persönlichen Gewissen folgen.

Das Gruppengewissen ist ein verborgenes, ein hintergründiges Gewissen. Es ist der Ordnungs- und Gleichgewichtssinn für *alle* Mitglieder einer Sippe, der jedes Unrecht an früher oder später Geborenen ahndet und ausgleicht, selbst dann, wenn diese voneinander nichts wissen und unschuldig sind. Dieses Gewissen nimmt sich der Ausgeschlossenen an, bis auch sie in unserem Herzen einen Platz finden. Wenn die Früheren selber ein Unrecht getan haben, wollen Spätere die Folgen auf sich nehmen und anstelle der Früheren ausgleichen. Somit werden sie durch das Gruppengewissen in fremde Schuld und Unschuld und auch in fremdes Denken und Fühlen verstrickt. Alle Ausgestoßenen, Verkannten, Vergessenen und unter schlimmen Umständen Verstorbenen sind auf diese Weise mit uns verbunden.

Eine Frau, die schon einmal in der Psychiatrie war, berichtete mir, sie fühle sich von Zeit zu Zeit, »als ob mich etwas in den Abgrund ziehe«. In ihrer Familie gab es mehrere Selbstmörder. Schon mit normalen Gedankengängen lässt sich nachvollziehen, dass Selbstmorde – auch wenn sie schon einige Zeit zurückliegen – eine Wirkung auf die Familie ausüben.

Doch in der *Systemischen Psychotherapie* geht die Bedeutung solcher Ereignisse über eine allgemeine psychologische Einschätzung hinaus. Die liebende Erinnerung und Würdigung der Toten kann in besonderen Fällen das Leben eines psychisch Kranken vollkommen zum Guten verändern.

Wer gehört zur Sippe?

Das Sippengewissen gibt allen das gleiche Recht auf Zugehörigkeit, und es nimmt wahr, wenn ein Angehöriger ausgeschlossen wird. Es wacht in einem viel umfassenderen Sinn über die Bindung als das persönliche Gewissen. Folgende Personen gehören zum Familiensystem:

- das Kind und seine Geschwister und Halbgeschwister, auch tote und tot geborene Geschwister,
- Eltern,
- Geschwister der Eltern, auch tote und tot geborene, sowie unehelich geborene und Halbgeschwister,
- Großeltern,
- manchmal der eine oder andere der Urgroßeltern, wenn es sich um ein außergewöhnlich schweres Schicksal gehandelt hat, zum Beispiel Mord,
- alle Personen, die für einen der Erwähnten Platz gemacht haben, wie frühere Ehepartner oder eheähnliche Partner von einem selber, von Eltern und Großeltern,
- alle, deren Weggang oder Unglück anderen Personen den Zugang zu dieser Gruppe ermöglicht haben oder ihnen sonst einen Vorteil verschafften.

Eine verheiratete Frau lernt beispielsweise einen Mann kennen und sagt dem Ehemann: »Ich will nichts mehr von dir wissen. Ich verlasse dich.« In der Folge bekommt die Frau von dem neuen Mann einen Sohn. Dieser Sohn vertritt den verlassenen ersten Mann. Er entwickelt seiner Mutter gegenüber jene bösen Gefühle, die der Verlassene gegenüber der Frau hat, oder er wird sich mit der gleichen Wehmut von der Mutter zurückziehen, wie dieser sich von ihr zurückgezogen hat. Dies geschieht auch dann, wenn das Kind nichts von der Existenz des früheren Mannes weiß. Selbst die Eltern durchschauen in der Regel diesen Zusammenhang nicht.

Der schlimme Ausgleich

Die früher Geborenen sind den Späteren vorgeordnet, weshalb es einem Späteren nicht zusteht, die Schuld eines Früheren zu sühnen oder dessen Recht nachträglich durchzusetzen. Dennoch geschieht dies allenthalben. Wenn sich in einer Gruppe jemand durch sein Handeln selbst zerstört, ist es meist ein Späterer, der durch seinen Untergang wie erleichtert einen Früheren nachahmt. Hellinger würde sagen, dass er dem vor ihm Geborenen (unbewusst) »die Ehre erweist«, und gibt ein Beispiel:

»Vor einiger Zeit kam ein Rechtsanwalt zu mir. Er war ganz aufgelöst. Er hat in seinem Familiensystem nachgeforscht: Die Urgroßmutter war verheiratet und hatte einen anderen Mann kennen gelernt, von dem sie schwanger wurde. Dieser Mann starb, und der Verdacht kam auf, dass er ermordet wurde. Er war 27 Jahre alt und starb am 31. Dezember. Später hat diese Frau den Hof, den sie von diesem Mann (geerbt) hatte, nicht dem gemeinsamen Kind gegeben, sondern dem Kind aus der nächsten Ehe. Das war ein sehr großes Unrecht.

In der Zwischenzeit haben sich in der Familie drei Männer im Alter von 27 Jahren jeweils am 31. Dezember oder am 27. Januar, dem Hochzeitstag der Urgroßmutter, umgebracht. Einer davon wurde verrückt am 31. Dezember und erhängte sich am 27. Januar. Seine Frau war schwanger, so wie es die Urgroßmutter damals gewesen war. Und als der Klient das sah, fiel ihm ein, dass ein Cousin von ihm gerade 27 Jahre ist und der 31. Dezember nahte. Da ist er dort hingefahren. Der Cousin hatte schon eine Pistole gekauft, um sich zu erschießen. So wirken Verstrickungen.
Später kam der Klient noch einmal zu mir und war in extremer Selbstmordgefahr. Ich habe mit ihm gearbeitet und ihn gebeten, sich mit dem Rücken gegen die Wand zu stellen. Ich bat ihn, sich den toten Mann vorzustellen und ihm zu sagen: Ich gebe dir die Ehre. In meinem Herzen hast du einen Platz. Und ich werde das Unrecht, das dir geschehen ist, beim Namen nennen, so dass es gut werden kann. Daraufhin war er befreit.« (Aus einer Radiosendung mit Bert Hellinger im S-2-Forum.)
Mord ist immer ein einschneidendes Ereignis in der Sippe. In dem geschilderten Beispiel sind die Nachwirkungen noch 130 Jahre später sichtbar gewesen. Es bleibt nachzutragen, dass Bert Hellinger den Klienten zu der Urgroßmutter und ihrem zweiten Mann (dem Urgroßvater des Klienten) sagen ließ: »Was immer eure Schuld war, ich lasse sie bei euch. Ich bin nur ein Kind.« Überdies sollte der Klient sich vorstellen, er ziehe vorsichtig seinen Kopf aus einer Schlinge, gehe langsam rückwärts und lasse sie hängen. Danach fühlte er sich von den Selbstmordgedanken befreit. Der erste Mann der Urgroßmutter ist ihm seitdem ein schützender Freund geworden.

Was Schicksalsverstrickungen löst

Das vorgestellte Beispiel zeigt, dass die Forderungen des Gruppengewissens auch anders erfüllt werden können als durch blindes Nachfolgen und Sühnen. Die Ausgeschlossenen erhalten von uns den Platz und die Bedeutung, die ihnen zustehen, indem wir ihnen unsere Liebe entgegenbringen und sie würdigen. Die Schuld lassen wir bei dem, dem sie gehört. Dieser Rückzug aus der Verstrickung gelingt allerdings nur, wenn er in Demut und Liebe geschieht.

III
Eltern und Kinder

Grundsätzliches

Im vierten Gebot der Bibel werden wir aufgerufen, Vater und Mutter zu ehren. In der *Systemischen Psychotherapie* ist das Achten und Ehren der Eltern von zentraler Bedeutung. Doch reicht dieser Umstand nicht aus, um Hellingers Ansatz »Biblische Psychotherapie« zu nennen. Zuweilen vertritt Hellinger sehr kritische Ansichten in religiösen Dingen.

Ob jemand seine Eltern achtet oder nicht, hat immer eine Rückwirkung auf ihn. Ein Beispiel: Ein Mann schimpfte mit den unflätigsten Ausdrücken auf seine Mutter. Es tat weh, ihm zuzuhören. Außerdem war er stolz darauf, dass er seine Mutter, die er nicht Mutter nannte, sondern mit einem Schimpfwort belegte, fast 20 Jahre nicht mehr gesehen hatte. Wer seine Eltern verachtet, lehnt gleichzeitig auch sich selbst ab, denn jeder Mensch *ist* sein Vater, *ist* seine Mutter, und darüber hinaus bringt er etwas Eigenes mit. Dieses Eigene hat jedoch nur dann eine Chance, zur Blüte zu gelangen, wenn man seine Eltern so nimmt, wie sie sind.

Wer seine Eltern auf massive Weise verachtet, dem fehlt etwas Entscheidendes. Er fühlt sich unverwirklicht und leer, und je heftiger die Ablehnung der Eltern ist, desto stärker bestraft er sich unbewusst. Der erwähnte Mann fühlte sich schwer depressiv und stand nach eigener Aussage kurz davor, in die Psychiatrie zu kommen. Bei Depressiven, so sagt Bert Hellinger, wird häufig ein Elternteil massiv abgelehnt. Bei meinen bisherigen Erfahrungen mit depressiven Klienten konnte ich diesen Zusammenhang oft erkennen, obwohl natürlich auch eine andere Dynamik dahinter stehen kann.

Über die natürlichen Ordnungen der Liebe zwischen Eltern und Kindern hat Bert Hellinger einige grundsätzliche Dinge gesagt.

1. Eltern geben, und Kinder nehmen. Dieser Satz liest sich einfach, und doch steckt so viel in ihm. Hier geht es nämlich nicht um ein beliebiges Geben und Nehmen, sondern um das Geben und Nehmen des Lebens. Wenn die Eltern den Kindern das Leben geben, ist dies ein Gut, das keinem gehört. Die Eltern geben dem Kind, was sie von ihren Eltern genommen haben und was sie als Paar, der eine vom anderen, genommen haben und weiterhin nehmen.
Die Kinder nehmen die Eltern vor allem als Eltern und erst danach empfangen sie Dinge wie z. B. materielles Erbe. Das Gefälle in der Eltern-Kind-Beziehung kann nie ausgeglichen werden, doch können die Kinder später das Erhaltene an eigene Kinder und andere Menschen weitergeben.
Eltern geben sich den Kindern, wie sie sind, und dementsprechend können die Kinder die Eltern nur so nehmen. Das Kind kann weder etwas hinzufügen noch zurückweisen. Auf diese Weise haben Kinder nicht nur Eltern, sie *sind* ihre Eltern. Ob es uns gefällt oder nicht: Die Eltern sind der Ursprung unseres Lebens.
Ein kleineres Gefälle entsteht zwischen den Geschwistern. Der Erstgeborene gibt dem Zweitgeborenen, wie umgekehrt dieser vom Ersteren nimmt. Dies wird zum Beispiel deutlich, wenn ältere Geschwister ihre jüngeren Brüder oder Schwestern ständig vom Kindergarten abholen müssen und auch anderweitig Verantwortung für die Jüngeren übernehmen und dafür ihre freie Zeit einschränken müssen. So wie die Kinder den Eltern nachgeordnet sind, so stehen den älteren Geschwistern mehr Rechte zu als den jüngeren. Wenn diese

Ordnung auf den Kopf gestellt wird, indem ein jüngeres Geschwister den ersten Platz in der Geschwisterreihe einnimmt, entsteht unweigerlich Streit.

2. Zu den Ordnungen der Liebe zwischen Eltern und Kindern und zwischen den Geschwistern gehört auch, dass der Empfänger die erhaltene Gabe zu schätzen und dem Geber gegenüber zu würdigen weiß. Dieses Ehren des Gebers kann nur gelingen, wenn es ohne Bedingungen und Vorbehalte geschieht. Das Kind steht in Einklang mit der natürlichen Ordnung, wenn es sein Leben nimmt, wie die Eltern es geben, als Ganzes, und dass es den Eltern so zustimmt, wie sie sind. Ein solches Nehmen nennt Bert Hellinger ein »demütiges Nehmen«. Diese schlichten Lebensweisheiten sind in so genannten »primitiven Kulturen« meist selbstverständlich. Auch bei uns waren sie vor nicht allzu langer Zeit Allgemeingut.

3. Gemäß dem Früher oder Später gibt es in der Familie eine Rangordnung, die, wie beim Geben und Nehmen, von oben nach unten verläuft. Eltern rangieren somit vor den Kindern, und das erste Kind hat Vorrang vor dem zweiten Kind. Solche Gedanken mögen vielen »undemokratisch« erscheinen, doch wenn man diese Ordnung in der Familie nicht berücksichtigt, stehen permanent Streit und Missverständnisse auf der Tagesordnung.

Das Nehmen der Eltern

Die Eltern zu nehmen setzt vor allem Demut voraus, Demut vor der Größe des Lebensgeschenks, das ich durch die Eltern erhalten habe. Das demütige Ehren der Eltern bedeutet auch die Zustimmung zum Leben und zum Schicksal, wie es die Eltern mir vorgeben. Dazu gehören die Grenzen und die Möglichkeiten meines Lebens und auch die Verstrickungen der Familie, in die ich hineingeboren wurde. Dadurch erkenne ich an, dass das Leben mit seinen Ordnungen größer ist als meine Person.

Die Wirkung des hier Geschilderten kann man erfahren, wenn man sich vorstellt, vor den Eltern zu knien, sich tief zu verneigen und mit ausgestreckten Armen und nach oben gewandten Handflächen zu sprechen: »Ich gebe dir die Ehre.« Danach stehen wir auf, sehen den Eltern in die Augen und danken der Mutter wie dem Vater für das Geschenk des Lebens. Die folgenden Danksagungen stammen von Bert Hellinger. Wählen Sie bitte in der Anrede die Form, die Sie als Kind benutzt haben.

Dank am Morgen des Lebens

Liebe Mama/liebe Mutti,
ich nehme es von dir,
alles, das Ganze,
mit allem Drum und Dran,
und zum vollen Preis, den es dich gekostet hat
und den es mich kostet.

Ich mache was daraus, dir zur Freude
(und zum Andenken).
Es soll nicht umsonst gewesen sein.

Ich halte es fest und in Ehren,
und wenn ich darf, gebe ich es weiter, so wie du.

Ich nehme dich als meine Mutter,
und du darfst mich haben als dein Kind.

Du bist für mich die Richtige,
und ich bin dein richtiges Kind.

Du bist die Große, ich der (die) Kleine.
Du gibst, ich nehme – liebe Mama.

Ich freue mich, dass du den Papa genommen hast.
Ihr beiden seid die Richtigen für mich.
Nur ihr!

Lieber Papa/lieber Vati,
ich nehme es auch von dir,
alles, das Ganze,

mit allem Drum und Dran,
und zum vollen Preis, den es dich gekostet hat
und den es mich kostet.

Ich mache was daraus, dir zur Freude
(und zum Andenken).
Es soll nicht umsonst gewesen sein.

Ich halte es fest und in Ehren,
und wenn ich darf, gebe ich es weiter, so wie du.

Ich nehme dich als meinen Vater,
und du darfst mich haben als dein Kind.

Du bist für mich der Richtige,
und ich bin dein richtiges Kind.

Du bist der Große, ich der (die) Kleine.
Du gibst, ich nehme – lieber Papa.

Ich freue mich, dass du die Mama genommen hast.
Ihr beiden seid die Richtigen für mich.
Nur ihr!

Mit dem Herzen gesprochen, kann diese Ehrung eine tiefe Wirkung entfalten. In einem Psychotherapieseminar ließ die Therapeutin diese beiden Texte jeweils in Zweiergruppen lesen. Jeder sollte nacheinander diese beiden Texte dem Gegenüber vortragen. Mit einem solchen Zeugen nimmt man die Übung ernster, als wenn man sie für sich allein durchführt. Es war bewegend, welche tiefen Prozesse das Sprechen dieser Sätze bei einigen Teilnehmern auslöste. Wenn man

diese Sätze bewusst spricht, kann man auch deutlich spüren, bei welchem Elternteil noch »etwas zu tun ist«.
Man merkt selbst und erhält auch von dem »Zeugen« die Resonanz, ob man mit dem Inhalt in Einklang steht. Stolpert man bei bestimmten Stellen, ist es lohnenswert, sich intensiver damit auseinander zu setzen.
Manche meinen, dass das uneingeschränkte Nehmen der Eltern für sie bedrohlich sein könnte, wegen eines problematischen Charakterzuges, einer Schuld oder einer Behinderung. Wer hier einen Einwand vorbringt, verpasst die Chance, die Eltern als Ganzes zu nehmen.
Gerade eine verstärkte Abgrenzung, etwa nach dem Motto »So wie mein Vater will ich nie werden«, führt regelmäßig dazu, dass man tatsächlich dem Vater ähnlich wird. Auch die Entwicklung zum Gegenteil des Abgelehnten lässt sich als ein Ähnlichwerden verstehen. Eine Beurteilung der Eltern steht uns nicht zu. Denn das Ergebnis des Zusammenkommens der Eltern, nämlich das Kind, stellt sich unabhängig vom Gut- oder Bösesein der Eltern ein und begründet eine Bindung jenseits der Moral. Wer seine Eltern wie einen Gemischtwarenladen behandelt, in dem man sich aussuchen kann, was man haben möchte, dem bleibt die Möglichkeit verwehrt, sein Ureigenes voll zu entwickeln. Nehmen mit Einwänden und Vorbehalten heißt, sich eine Beurteilung anzumaßen und sich über die Eltern zu stellen, und ist deswegen kein Nehmen. Das Nehmen der Eltern kann nur mit Demut geschehen.
Hier ein Beispiel für das, was ich im Umgang mit den Eltern als »Gemischtwarenladen-Mentalität« bezeichne. Ein Klient, erfolgreicher Akademiker, sagte zu mir: »Mein Vater ist leider nur ein Bauer. Geistig ist er ziemlich einfach strukturiert. Dafür habe ich mich schon immer geschämt. Ich hätte mir gewünscht, dass er mich als Kind geistig mehr gefördert hätte.«

Es folgt ein Beispiel, das zeigt, was die zwanghafte Abgrenzung von den Eltern bewirken kann. Eine Frau in den Vierzigern berichtete, sie habe viele Jahre ihres Lebens versucht, sich von der Mutter abzugrenzen und auf gar keinen Fall so zu werden wie sie. Jetzt habe sie schockiert feststellen müssen, dass sie genauso geworden ist. Nachdem sie das endlich erkannt hatte, konnte sie sich der Mutter nähern. Wer seine Eltern so nimmt, wie sie sind, wird gerade das Problematische der Eltern nicht übernehmen, aber umso mehr das Gute.

Eine besondere Form der Ablehnung ist das Stellen von Ansprüchen. Wer Ansprüche stellt, verweigert das Nehmen und fühlt sich groß. Wenn er das nehmen würde, was ihm die Eltern geben, müsste er die Ansprüche aufgeben. Viele halten lieber den Anspruch aufrecht, und deshalb kann ihnen die Trennung von den Eltern nur schwer gelingen. Wenn man trotzig glaubt, man müsse dieses oder jenes noch im Nachhinein von den Eltern erhalten, bleibt man fest an sie gebunden, ohne sie jedoch genommen zu haben. Dieses nachträgliche Stellen von Ansprüchen wird leider von vielen Therapeuten gefördert, so zum Beispiel von der bekannten Psychoanalytikerin Alice Miller.[6] Wer sich jedoch ausmalt, wie die Eltern in der Vergangenheit hätten besser sein sollen oder was sie für ihn noch hätten tun können, verpasst die Gelegenheit, das Wesentliche zu nehmen.

Das Nehmen besitzt die erstaunliche Eigenschaft, dass es trennt. Wer nimmt, sagt damit auch: »Es ist viel, was ihr mir geschenkt habt, und es reicht. Das Übrige mache ich selbst, und jetzt lasse ich euch in Frieden.« Eine solche Haltung macht den Menschen selbstständig.

[6] Alice Miller: »Am Anfang war Erziehung«, Frankfurt 1980, und »Das Drama des begabten Kindes«, Frankfurt 1979

Nehmen, so wie Bert Hellinger es versteht, ist ein demütiges Tun. Deswegen grenzt er es scharf vom Annehmen ab. Das Annehmen ist gnädig, Nehmen aber heißt, dass ich es genauso bejahe, wie es ist. Ein solches Nehmen ist jenseits aller Moral, weder gut noch böse.

Wenn jemand eine Prostituierte zur Mutter hat und er sagt innerlich zu ihr, auch wenn du eine Prostituierte bist, ich nehme dich als meine Mutter, dann kann er seine Mutter nicht mehr nehmen. Das Gleiche gilt, wenn er sagt: »Du hast viele Erziehungsfehler gemacht, und dennoch nehme ich dich als meine Mutter.« Das Nehmen der Mutter gelingt erst, wenn das Kind in Liebe zur Mutter sagt: »Ich nehme dich, so wie du bist, als meine Mutter. Du bist genau die Richtige für mich.« Solange er den Schmerz über den Beruf der Mutter fühlt, hat er sich den Weg zu ihr verstellt. Er muss den Schmerz überwinden, damit er seine Mutter nehmen kann.

In der Psychotherapie wird häufig in der Eltern-Kind-Beziehung nur das Vordergründige gesehen. Oft ist es üblich, die Wut auf die Eltern zu kultivieren, statt nach der Urliebe zwischen Eltern und Kindern zu schauen, die sich dahinter verbirgt. Oft lautet das Motto: »Schrei die Wut auf deinen Vater heraus!« – »Hau auf den Sack und zeig's deinen Eltern!«

Subjektiv glaubt der Klient zwar eine Entlastung bei solchem Tun zu spüren, auf lange Sicht jedoch bestraft er sich dafür. Wie schon zu Anfang beschrieben, kann er schnell depressiv werden. Wenn er bereits vor dem Beginn der Psychotherapie depressiv war und in der Therapie seine Wut auf die Eltern herauslässt, dann drückt er dadurch die Eltern nochmals von sich weg, und sein Zustand kann sich verschlimmern.

Nicht selten kommt es in der Therapie auch vor, dass ein Klient sagt: »Ach, hätten mich meine Eltern doch nur nicht geboren! Warum haben die sich das nicht besser überlegt?

Jetzt muss ich die Suppe auslöffeln. Besser wäre es, es gäbe mich gar nicht.« Mir kommen solche Worte wie ein verbaler Selbstmord vor, denn damit sagt man Nein zu den Chancen, die man erhalten hat.

Das Nehmen der Eltern hat auf die Beziehung zwischen Kindern und Eltern eine segensreiche Wirkung. Ein junger Mann hatte in einer Sitzung seinen Vater genommen. Monate später erzählte mir seine Ehefrau, dass die Zusammenkünfte mit den Schwiegereltern seit neuestem nicht mehr spannungsgeladen, sondern sogar harmonisch seien. Die Eltern würden ganz anders mit dem Sohn umgehen, obwohl doch das Nehmen in aller Stille geschah. Die meisten Eltern würden wohl befremdet reagieren, wenn man die hier beschriebenen Sätze ihnen gegenüber aussprechen würde. Dass aber ihre Seele dem zustimmt, kann man in Familienaufstellungen erleben. Es gibt jedoch Fälle, in denen man den Eltern wirklich etwas sagen muss.

Dagegen hat das Recht auf die Liebe der Eltern derjenige verspielt, der ihnen ein schlimmes Unrecht angetan hat oder sie tief verachtet. Er kann nicht mehr zu Vater oder Mutter hingehen. In solchen Fällen kann man nur noch sagen »Es tut mir Leid« oder vielleicht auch »Ich gebe dir die Ehre«. Wenn der Betreffende eine tiefe Reue spürt, kann sie sehr heilsam für ihn sein. Dazu ein Beispiel:

Zu mir kam ein Mann, der drogen- und sexsüchtig war. Da er die Drogensucht einigermaßen unter Kontrolle hatte, war sein Hauptanliegen die Behandlung der Sexsucht. Er schilderte mir, dass in seinem beruflichen und privaten Leben eine Katastrophe die nächste jage, auch vor Gericht habe er sich für mancherlei zu verantworten. Alles sei am Zusammenbrechen. Er beteuerte, er wolle ein neues Leben anfangen. In der Vergangenheit, so schilderte er, war er auch Mitglied einer terroristischen Vereinigung gewesen. Auf meine Nachfragen hin versicherte er, dass er an Mordanschlägen nie beteiligt gewesen sei. Er habe nur an Aktionen mit Sachbeschädigungen mitgewirkt – und auch da nicht unmittelbar als Ausübender, sondern nur im Vorfeld.

In der Zeit seiner terroristischen Aktivitäten hatte er seinen Vater nicht nur aufs Heftigste verachtet, sondern ihn auch öffentlich durch den Schmutz gezogen. In der Aufstellung kam er in Kontakt mit seinem Vater. Er spürte in seinem ganzen Körper, wie tief er seinen Vater verletzt hatte. Ich forderte den Klienten auf, sich vor seinem Vater zu verneigen und ihm in seiner asiatischen Muttersprache[7] zu sagen: »Es tut mir so Leid, was ich dir alles angetan habe.« Er sagte den Satz nicht, aber es dauerte nicht lange, da schluchzte der Mann hemmungslos. »Nie hätte ich gedacht, wie furchtbar weh ihm meine Verletzungen getan haben müssen. Ich kann es überhaupt nicht aussprechen, wie schlimm es gewesen ist.« Der Mann wälzte sich auf dem Boden vor Schmerz. Ich bat ihn, dem Vater in die Augen zu schauen und ihm jetzt mit Kraft den Satz zu sagen. Er sagte den Satz aber auf Deutsch.

Als Therapeut muss man darauf achten, dass die zentralen Sätze in der Muttersprache des Klienten gesprochen werden. Als ich den Mann darauf hinwies, erwiderte er: »Auf Deutsch ist es viel leichter!« Doch in der Muttersprache ist die seelische Wirkung meist stärker – es schmerzt intensiver. In der Arbeit mit Ausländern habe ich immer wieder die Erfahrung gemacht, dass die Betreffenden oft lieber Deutsch wählen, weil sie auf diese Weise auf Distanz gehen können.

[7] Der Mann hatte schon vor vielen Jahren seine asiatische Heimat verlassen und lebte in Deutschland.

Wie dieser Klient mir erzählte, war auch sein Vater sexsüchtig. Der Sohn verachtete ihn auch aus diesem Grund. Hinter dem Hass und der Verachtung wird die tiefe Bindung an den Vater deutlich. Indem der Vater fanatisch abgelehnt wird, entwickelt man sich so wie er. Stimmt man ihm aber zu, wie er ist, muss man problematische Seiten nicht übernehmen. Als der Mann seinem Vater in seiner Muttersprache sagte: »Lieber Vater, ich bin genau so wie du«, konnte er deutlich spüren, wie stimmig und wie heilend dieser Satz für ihn war. Einige Zeit später sah ich den Klienten erneut. Er sagte, dass er nie geglaubt hätte, dass sich sein Leben in derart kurzer Zeit ändern könnte. Er habe jetzt ein vollkommen neues Lebensgefühl, und zum ersten Mal spürte er Zuversicht, dass er seine Probleme bewältigen könne. Betroffen und voller Scham fühlte er sich allerdings, wenn er an den Vater dachte. Nach 20 Jahren des unterbrochenen Kontakts nahm er sich vor, die Adresse des im Ausland lebenden Vaters herauszubekommen. Er spürte, wie dringend ihm das Anliegen war, dem Vater nicht nur innerlich, sondern auch auf der realen Ebene zu sagen, wie Leid es ihm tue. »Allein der Gedanke, dass er meine Zeilen liest, tut mir so gut«, gestand er.

Schlimme Folgen hat es auch, wenn ein Kind seine Eltern anzeigt oder wegen Studiengeldern oder anderer Forderungen verklagt. Das Kind wird für diese Anmaßung sühnen. So muss beispielsweise auch ein misshandeltes Kind seine Eltern nehmen, wie sie sind, um dann in Frieden seinen eigenen Weg gehen zu können. Hass und Rache haben eine stark bindende Wirkung, doch wen wir lieben, der gibt uns frei. Umgekehrt können aber auch Eltern ihr Recht auf die Liebe des Kindes verspielen, zum Beispiel wenn sie ein Kind leichtfertig weggeben.

In einem Fall hatte die Mutter einer jungen Frau den Vater ermordet, als die Tochter noch ein kleines Kind war. In der Aufstellung wurde deutlich, dass die Mutter ihr Recht auf das Kind verloren hatte. In der Realität bestand auch kein Kontakt zwischen Mutter und Tochter. In der Aufstellung sagte die Tochter zu ihrer Mutter: »Ich lasse dich ziehen. Aus meinem Herzen entlasse ich dich in Liebe.« Nachdem die Mutter damals ins Gefängnis gekommen war, wuchs das Mädchen bei der Schwester des ermordeten Vaters auf. Dort hatte sie einen guten Platz, den sie bei den Angehörigen der Mutter nicht hätte finden können.

Wenn Kinder zu Eltern oder Partnern der Eltern werden

Wenn ein Späterer einem Früheren geben will, statt dass er vom Früheren nimmt, wird die Ordnung des Gebens und Nehmens in der Familie gestört. Wenn zum Beispiel in einer schlechten Ehe die Mutter vom Kind nimmt, was sie von ihrem Mann nicht bekommt, dann hat das für das Kind weitreichende Auswirkungen.

Eine solche Umkehrung der natürlichen Ordnung führt dazu, dass das Kind »groß« und die Eltern »klein« werden. Ein Sicherheitsgefühl kann in einem Kind aber nur entstehen, wenn es zu den Eltern aufschauen und sie als stark erleben kann. Das Lebensgefühl eines solchen Kindes kann auch als Erwachsener noch deutlich von Unsicherheit geprägt sein.

Wenn ein Kind in die Rolle gerät, Tröster für die Eltern zu spielen, weil es diese als bedürftig erlebt, belastet dies die Seele des Kindes. Gegen diese Umkehrung der natürlichen Verhältnisse ist ein Kind machtlos. Es gerät schuldlos in diese Situation hinein und muss dennoch die Folgen tragen. Diese überzogene Position den Eltern gegenüber kann jedoch später, wenn das Kind älter und einsichtig geworden ist, rückgängig gemacht werden.

Die Umkehrung der natürlichen Situation tritt oft ein, wenn ein Vater oder eine Mutter von ihren Eltern etwas nicht genommen haben und dieses dann von ihrem Kind fordern. Wenn der Vater zum Beispiel seinen eigenen Vater ablehnt, überträgt er diese Gefühle auf das eigene Kind. Das Kind

kann dann nicht mehr Kind sein, sondern es gerät in die Rolle eines Elternteils.
Wenn Eltern ein Kind ins Vertrauen ziehen, ihm gar Intimes erzählen, ist das Kind daran zwar schuldlos, aber es bestraft sich für dieses ihm nicht zustehende Wissen. Das gilt auch für die Beziehung zwischen Enkeln und Großeltern. Eine Klientin erzählte mir beispielsweise, dass sie als kleines Mädchen von der Großmutter intime Details aus dem Leben der Großeltern erfahren hatte. Noch heute fühlt sie sich deswegen schlecht. Auch Abtreibungen gehen die Späteren nichts an. Ein abgetriebenes Kind gehört in der Regel nicht in die Geschwisterreihe, sondern es ist eine Angelegenheit des Paares.
Wenn ein Kind zu viel erfahren hat, kann es später das tun, was Hellinger »spirituelles Vergessen« nennt. In einem Seminar erzählte eine Frau, dass ihre Mutter von dem Fremdgehen des Vaters berichtet hatte und dass sie gerne mit den Kindern das Haus verlassen hätte. Die Frau fragte nun Bert Hellinger, ob all dies sie nicht behindere, sich vor ihren Eltern zu verneigen.
Er antwortete: »Das Kind darf sich nicht einmischen in das, was Sache der Eltern ist. Was immer dort das Glück ist oder das Unglück, das darf das Kind nicht wissen. Die Eltern dürfen es dem Kind auch nicht sagen. Wenn deine Mutter dir das gesagt hat, dann musst du es vergessen. Und man kann es vergessen.«
Die Frau: »Ach ja?«
Hellinger: »Das ist eine spirituelle Disziplin. *Das Vergessen kann man üben,* indem man sich innerlich zurückzieht. Auf einmal ist es weg. Dann lässt du die Eltern in diesem Konflikt, schaust lieb auf beide und nimmst von beiden, was sie dir gegeben haben.« (OL: 243)

Auch als Erwachsener kann man sich seinen Eltern gegenüber noch in einer solchen Position befinden. Wenn Eltern einem erwachsenen Kind Dinge erzählen, die es nichts angehen, kann das Kind zu dem betreffenden Elternteil liebevoll sagen: »Bitte rede nicht weiter darüber. Das sind Dinge, die meine Kinderohren schmerzen.« Dadurch wird der Elternteil wieder groß und das Kind klein. Hier gilt es zu bedenken, dass auch der Erwachsene sich seinen alten Eltern gegenüber psychisch noch als Kind fühlt. Auch der Erwachsene bleibt das Kind seiner Eltern. Es wäre also falsch zu sagen: »Jetzt, wo ich erwachsen bin, stehe ich mit meinen Eltern auf einer Stufe.«
Heute kommt es sehr oft vor, dass Eltern zu Kumpanen ihrer Kinder werden. Freunde und Kameraden kann das Kind viele kennen lernen, Eltern aber hat es nur einmal. Sie sind nicht austauschbar wie Spielkameraden. Eine besondere Situation ergibt sich nicht selten bei allein erziehenden Eltern. Wenn zum Beispiel ein Sohn in die Position kommt, der Mutter den fehlenden Mann zu ersetzen, bestraft er sich dafür, denn er ist auch seinem Vater treu.

In Familienaufstellungen kann man die Erfahrung machen, dass ein solches Kind nur ungern den Sockel wieder verlässt, auf den es gehievt worden ist. Ein Beispiel: Eine junge Frau, die die Beraterin ihrer geschiedenen Mutter war, erlebte sich (in einer Papierscheibenaufstellung) in der eigenen Position der Mutter gegenüber »so hoch wie ein Wolkenkratzer«. Auf der Scheibe der Mutter konnte sie erleben, wie die Mutter zu ihr aufschaute. In einer solchen Situation helfen das spirituelle Vergessen und die Sätze »Liebe Mutter, bitte sieh in mir dein Kind« und »Ich achte dich als meine Mutter, ich bin nur das Kind«.

Die Klientin sagte die Sätze jedoch nur halbherzig. Auf den Positionen von Mutter und Tochter konnte sie danach deutlich spüren, dass der Höhenunterschied nicht verändert war. Erst wenn man es mit Demut und Liebe ausspricht, kommt man in die dem Kind gemäße Position. Die große Macht, die ein solches Kind hat, gibt es nur ungern wieder ab.

Noch ein anderes, besonders krasses Beispiel: Der Klient, ein junger Mann, hatte seinem allein lebenden Vater die Freundin ausgespannt. Als das Verhältnis nach kurzer Zeit zu Ende war, brach eine das Gesicht entstellende Akne aus, und es stellten sich verschiedene Zwänge ein, u. a. ein Waschzwang. Der Waschzwang lässt sich als Versuch betrachten, die Schuld von sich abzuwaschen, und die Akne erschwert es ihm nun, anderen Frauen attraktiv zu erscheinen. Hier hilft es, sich der Schuld zu stellen, statt vor ihr wegzulaufen.

Doch in Fällen wie dem hier beschriebenen lauert meist noch eine besondere Dynamik im Hintergrund. Das Kind spannt einem Elternteil den neuen Partner aus, weil er dem anderen Elternteil gegenüber treu und solidarisch ist. So betrachtet, wird er unschuldig schuldig.

Der Umgang mit dem Persönlichen der Eltern

Was die Eltern als Verdienst erworben oder als Verlust erlitten haben, gehört ihnen persönlich und ist nicht auf die Kinder bezogen. Dazu zählen beispielsweise eine wissenschaftliche Entdeckung, eine offizielle Auszeichnung, eine Schuld, eine Verstrickung, eine Krankheit oder eine Behinderung. An alldem haben die Kinder nur mittelbar teil, und die Eltern dürfen und können es den Kindern nicht geben. Umgekehrt dürfen auch die Kinder solches von den Eltern nicht nehmen. Die Folgen dieses Persönlichen gehören allein zum Schicksal der Eltern und bleiben in ihrer Verantwortung.

Wenn ein Kind sich das persönliche Gute und den persönlichen Anspruch von Vater oder Mutter ohne eigenes erlittenes Schicksal und ohne eigene Anstrengung »anzieht«, erhebt es Anspruch auf etwas, ohne den Preis dafür bezahlt zu haben.

Das natürliche Geben und Nehmen in der Familie wird in sein Gegenteil verkehrt, wenn ein Späterer für einen Früheren etwas Schlimmes übernimmt, zum Beispiel wenn ein Kind eine Krankheit der Eltern auf sich nimmt. Der Frühere hat es nämlich nicht als gute Gabe genommen, um es an Spätere weiterzugeben, sondern es gehört zu seinem Schicksal, unterliegt seiner persönlichen Verantwortung und betrifft auch seine Würde. Wenn er zu dem Eigenen steht und die Kinder es ihm lassen, kann sich eine gute Kraft entfalten.

Zu dem Persönlichen der Eltern gehört auch das Erbe, das sie den Kindern vermachen können, aber nicht müssen. Unge-

achtet der juristischen Praxis, die bestimmte Regelungen gefunden hat, steht den Kindern – von der natürlichen Ordnung her gesehen – ein Erbe nicht zu. Das bedeutet, dass sie darauf keinen Anspruch haben. Wer von seinen Eltern ein Erbe zugesprochen erhält, der darf sich darüber freuen und es als Geschenk annehmen. Zum Thema Erbschaft schrieb Bert Hellinger einer Klientin folgenden Brief:
»Streitigkeiten um das Erbe verdecken, dass keines der Kinder einen Anspruch darauf hat. Die Lösung für dich wäre, dass du innerlich anerkennst, dass du so viel bekommen hast, dass es genügt, und dass du deinen Eltern zugestehst, dass sie mit dem, was sie haben, nach Belieben walten dürfen.
Du brauchst es aber den Geschwistern, die mehr bekommen haben, nicht zu sagen, denn du bist nicht dazu da, das Gewissen der anderen vordergründig zu erleichtern, wenn sie ihr Verhalten als ungerecht und unfair empfinden. So bleibt deine Seele in doppelter Hinsicht frei und rein. Zudem hat, wer weniger auf das Erbe sieht, mehr Energie für eigenes Handeln und oft auch, wie immer man sich das erklären will, eine glücklichere Hand in der Verwaltung oder Mehrung dessen, was er hat.« (FWW: 106)

In einem Seminar erzählte Hellinger, dass ein Kind, das alles erbt, dem zweiten Kind, das übergangen worden ist, später die Hälfte der Erbschaft übertragen soll. Eine Teilnehmerin, Gloria, die bei der Erbfolge nicht berücksichtigt worden war, hakte nach und bat um seine Meinung.
Hellinger sagte ihr: »Das macht nichts.« Gloria: »Mir macht das schon was.« Hellinger: »Du musst sagen: Denen geschieht es recht.«
Gloria: »Wo gehe ich aber jetzt mit meinem Groll hin und mit meiner Enttäuschung? Der Groll ist ja da.«

Hellinger: »Du kannst ihn festhalten, wenn du willst. Aber wenn du gelassen dem Lauf der Dinge zusiehst, wirst du merken, dass du den besten Teil bekommen hast.«
Gloria: »Meine Sorge geht mehr dahin, wie ich das meiner Tochter erkläre.«
Hellinger: »Überhaupt nicht. Du sagst ihr: Für mich ist das in Ordnung. – Mit leichtem Gepäck wandert's sich leichter.« (OL: 306)

Sorge für die Eltern im Alter

Eltern lassen ihre Kinder besser ziehen, wenn die Kinder ihnen versichern, dass sie sich in Not und Alter um sie kümmern werden. Häufig ist es das jüngste Kind, das sich um die alten Eltern kümmert, denn es hat nicht nur von den Eltern, sondern auch von den älteren Geschwistern genommen. Wenn sich ein Kind um die alten Eltern kümmert, gibt es, und die Eltern nehmen. Damit wird das Gefälle zwischen Geben und Nehmen ein wenig verringert, doch nie kann ein Kind ganz zurückgeben, was es bekommen hat. Für viele Kinder ist die Vorstellung, sie müssten sich um die alten Eltern kümmern, sehr schwer. Wenn nämlich erwachsene Kinder ihre Eltern sehen, fühlen sie sich ihnen gegenüber sehr schnell wieder fünf bis sieben Jahre alt, und umgekehrt sehen die Eltern das Kind auch im gleichen Alter. Die Lösung besteht darin, den Eltern zu sagen: »Wenn ihr mich braucht, werde ich für euch sorgen, *wie es richtig ist.*«

Durch diesen Satz begeben sich die Kinder auf die erwachsene Ebene. Dort können sie ihre Eltern als Kind achten und dennoch tun, was richtig ist. Das Kind, das erwachsen geworden ist, kann nicht nur für die Eltern da sein. Deswegen können Kinder nicht immer das tun, was die Eltern von ihnen verlangen, aber was »richtig« ist, d. h. in der konkreten Situation angebracht, lässt sich meistens durchführen.

In früheren Jahrhunderten war es selbstverständlich, dass die alten Eltern ihren Platz in der Großfamilie hatten. In den Industriegesellschaften des 20. Jahrhunderts jedoch gibt es fast nur noch Kleinfamilien oder unvollständige Familien.

Die Möglichkeit, Eltern in die bestehende Familie einzugliedern, ist meist nicht vorhanden, und so muss nach anderen Lösungen Ausschau gehalten werden. Wenn Kinder ihren Eltern die eingangs erwähnte Zusicherung geben, sind sie frei.

Hellinger erzählte in diesem Zusammenhang die Geschichte einer Frau, die die Möglichkeit gehabt hätte, ihre alte Mutter zu sich zu nehmen, doch sie weigerte sich. Die Mutter kam in ein Altenheim. Noch in derselben Woche wurde eine der Töchter jener Frau magersüchtig, zog schwarze Kleider an und ging fortan zweimal in der Woche zum Pflegedienst in ein Altenheim. Doch niemand hat diesen Zusammenhang durchschaut, auch das Mädchen nicht.[8] Dieses Beispiel zeigt auch wieder deutlich, wie sich Kinder um die unerledigten Geschäfte ihrer Eltern kümmern.

Ausführlicher bin ich auf die Magersucht in meinem Buch »Wenn Liebe allein den Kindern nicht hilft – Heilende Wege in Bert Hellingers Psychotherapie« eingegangen. Hier finden sich auch Kapitel über Bettnässen, Asthma, Allergien, Stottern, Hyperaktivität, Schulprobleme, Angstzustände und vieles mehr.

[8] Bert Hellinger: »Ordnung und Krankheit«, Videokassette, Heidelberg 1994

Besondere Fragen der Eltern-Kind-Beziehung

Außereheliche Kinder – der Vorrang der neuen Familie

Wenn während der Ehe ein Mann mit einer anderen Frau ein Kind zeugt, dann muss er die Ehe verlassen und zu dieser Frau ziehen. Das neue System hat immer Vorrang vor dem alten. Handelt der Mann nicht entsprechend, ist es schlimm für alle Beteiligten. Selbst wenn er in seiner Familie viele Kinder hat, muss er zu der neuen Frau und dem jüngsten Kind. Er bleibt natürlich als Vater verantwortlich für seine älteren Kinder, doch eine Partnerschaft kann es nur mit der neuen Frau geben. Für eine Ehefrau ist das natürlich eine sehr schwere Belastung, doch alles andere ist noch schlimmer.

Wenn eine Frau von einem anderen Mann während der Ehe ein Kind bekommt, dann muss das Kind immer zu dem anderen Mann, zum Vater. In der Regel ist das Kind in einem solchen Fall nirgends so sicher wie bei seinem Vater. Dies lässt sich zwar nicht erklären, aber man kann beobachten, dass alles andere schlimmer ist. Das geringere Übel stellt sich später oft als Glück heraus. Natürlich ist die Ehe der Frau zu Ende, selbst wenn sie äußerlich weiter besteht. Ob sie zu dem anderen Mann kann, lässt sich bei einer Familienaufstellung erkennen.

In einem Seminar fragte ein Teilnehmer nach der Beurteilung im folgenden Fall: Während einer Ehe wird die Frau von einem anderen Mann schwanger. Das Kind ist jetzt 26 Jahre alt, und seine Existenz wurde von der Familie totgeschwiegen. Muss das auf den Tisch oder nicht? Hellinger antwortete: »Es gehört zu den Grundrechten des Menschen, dass er weiß, wer sein Vater und wer seine Mutter ist.«

Kinder aus geschiedenen Ehen

Einem Mann schrieb Bert Hellinger den folgenden Brief: »Scheidung bedeutet, dass die Partnerbeziehung aufgelöst wird, aber nicht die Elternbeziehung. Wenn deine Frau die Scheidung will, ist es am besten, du willigst ein. Rette dann wenigstens die Elternbeziehung.« (FWW: 67)

Im Idealfall besprechen die Eltern nach einer Scheidung regelmäßig alle wichtigen Erziehungsfragen. Sie bleiben in der Pflicht als Eltern. Stiefeltern haben kein Recht, sich in die Erziehung von Kindern einzumischen, die nicht ihre eigenen sind.

In der Praxis ist das Verhältnis der geschiedenen Eltern oft nicht das beste, und es kommt sogar zu Streitigkeiten darüber, bei wem das Kind aufwachsen soll. In der Regel muss das Kind zu dem Elternteil, der in den Kindern den anderen Elternteil am meisten achtet. Nach Hellingers Erfahrung ist das oft der Mann, doch die Frau kann es sich seiner Ansicht nach »verdienen«, dass sie das Kind behalten darf, indem sie im Kind den Mann achtet. In einem Seminar kam dazu die Frage, was ist, wenn beide Eltern sich gleich achten. Dazu Hellinger: »Wenn die Achtung gleich ist, gibt es keine Scheidung!«

Die Aussage, dass der Mann die Frau häufiger achtet als umgekehrt, erscheint ungewöhnlich. Zeigt sich hier der viel zitierte »Frauenfeind«, der Patriarch? Auf diese Frage werden wir noch im Kapitel »Mann und Frau« zurückkommen.

Besonders wichtig erscheint mir Hellingers Hinweis, dass allein die Eltern entscheiden sollen, bei wem die Kinder aufwachsen. Ein Kind, das gefragt wird, zu wem es will, kommt in eine zu machtvolle Position. Die Scheidung mit all ihren Folgen ist eine Angelegenheit des Paares. Sich dabei einzumischen ist nicht kindgemäß.

Auf die Ordnungen der Liebe nimmt unser Rechtswesen nicht immer Rücksicht, sonst würde es nicht zulassen, dass man vor Gericht ein Kind fragen kann, zu welchem Elternteil es will. Sich zwischen den Eltern entscheiden zu müssen ist für das Kind eine große seelische Belastung und ihm nicht zumutbar, denn es liebt beide Eltern. Unabhängig von dem, was gerichtlich im Einzelnen beschlossen werden mag, muss dem Kind versichert werden, dass ihm beide Eltern als Eltern erhalten bleiben. Ein Kind sollte nicht nur bei der Sorgerechtsfrage, sondern auch bei der Wahl eines neuen Partners ungefragt bleiben. Eine junge Klientin empörte sich mir gegenüber einmal, als ich sie auf Letzteres hinwies: »Ich musste doch als Kind mit entscheiden, wen meine (geschiedene) Mutter zum Freund nimmt. Schließlich musste ich es doch mit den Männern aushalten.« Die Mutter hatte sich tatsächlich in ihrer Partnerwahl von der Tochter beraten und auch beeinflussen lassen. Ich sagte der Klientin: »Du bist bestimmt sehr böse auf deine Mutter gewesen.«Verwundert hat sie das bejaht. Immer wenn Eltern es zulassen oder provozieren, von den Kindern dominiert zu werden, nehmen die Kinder ihnen das übel, denn Kinder wollen starke Eltern.

Ein Kind hat die Partnerwahl seiner getrennten Eltern hinzunehmen, allerdings braucht es den neuen Partner nicht zu lieben. Die hier geschilderten Vorgänge geschehen unbewusst. Auf der bewussten Ebene fühlt sich das Kind nämlich sehr geschmeichelt, dass es um Rat gefragt wird und so mächtig ist. Doch diese Macht bekommt ihm keineswegs.

Adoption

Adoptionen gelten als altruistische Taten. Die Praxis zeigt jedoch, dass Adoptionen in vielen Fällen gefährliche Unternehmungen sind, bei denen teuer bezahlt wird.
Falls ein Kind von seinen Eltern nicht aufgezogen werden kann, ist die Reihe an den nächsten Verwandten. Zunächst sollen die Großeltern und dann die Onkel und Tanten gefragt werden. Dort ist das Kind gut aufgehoben, und von diesen Verwandten kann es noch am ehesten wieder zu den Eltern zurück, wenn sich in deren Lebenssituation etwas ändern sollte. Falls auch das nicht geht, können Pflege- oder Adoptiveltern gesucht werden. Dann werden diese tatsächlich gebraucht und können Gutes bewirken, doch als Stellvertreter steht ihnen nur der zweite Platz zu – unabhängig davon, wie die leiblichen Eltern gewesen sein mögen. Wird diese Ordnung respektiert, kann das Kind seine Adoptiveltern achten und nehmen, was es von ihnen bekommt. Nicht selten fühlen sich die Adoptiveltern als die besseren Eltern, zum Beispiel weil die leiblichen Eltern ein dunkles Leben führen. Das Kind solidarisiert sich dann immer mit den abgewerteten Eltern und ist den Adoptiveltern böse. Wird ein Kind zur Adoption freigegeben, ist es oft wütend auf seine Eltern. Wenn sich die Adoptiveltern als die besseren Eltern fühlen, entlädt sich das böse Gefühl des Kindes ihnen gegenüber. Begnügen sie sich jedoch mit dem zweiten Platz, dann richtet sich die Wut auf die Eltern, und das gute Gefühl gelangt zu den Adoptiveltern.

Adoptionen können immer dann gelingen, wenn die leiblichen Eltern von den ersten Adoptionsanstrengungen an geachtet werden. Dazu zählt, dass das adoptionswillige Paar sich gründlich darum bemüht, die Situation der Eltern und deren Verwandten abzuklären. Dabei ist es gut, sich nicht auf Behördenauskünfte allein zu verlassen.

Leichtfertige Adoptionen haben Folgen. Wenn beispielsweise ein Kind den Eltern vorenthalten wird, wird häufig auf Seiten der Adoptiveltern für das entstandene Unrecht ein Partner oder ein Kind geopfert. Das ist der Preis, den man zu zahlen hat. Es kommt auch vor, dass bei einer leichtfertigen Adoption die Adoptivmutter schwanger wird und das Kind abtreibt. Somit ist es notwendig, sich über die eigenen Adoptionsmotive klar zu werden.

Statt ein Kind sofort zu adoptieren, kann es sinnvoll sein, es in Pflege zu nehmen. Die Pflege hat nämlich etwas Vorläufiges. Die Angst des Paares, das Kind dann eher verlieren zu können, ist gering, denn wenn es gut gepflegt wird, haben sie es sicher.

In Aufstellungen sieht man des Öfteren, dass Adoptierte Schweres für ihre Eltern tragen, obwohl sie sie gar nicht kennen. Der sichere Platz für das Kind ist dann oft bei den Adoptiveltern. Hierbei ist auch zu berücksichtigen, dass auf die Seele eine Adoption ähnlich wie eine Abtreibung wirkt und nicht einfach rückgängig gemacht werden kann.

Sexueller Missbrauch

Die Einsichten Bert Hellingers zu diesem Thema widersprechen völlig dem traditionellen Schema von Gut und Böse. Hellingers Ansichten werden sogar zuweilen als »skandalös«

bezeichnet, denn er besitzt die Unverfrorenheit, auf die Liebe zu verweisen, die hinter dem Missbrauch zu Tage tritt, und auf die Aufgabe, die der Missbrauch in einem System übernommen hat. Selbstverständlich geht es bei Inzest um Gewalt und Machtmissbrauch, doch die Erfahrung von Familienaufstellungen zeigt, dass auch eine verzweifelte Liebe der Beteiligten eine Rolle spielt.

Inzest ereignet sich häufig, wenn das Geben und Nehmen in einer Paarbeziehung dauerhaft unausgeglichen ist. Eine oft anzutreffende Konstellation zeigt das folgende Beispiel: Eine geschiedene Frau bringt in eine zweite Ehe eine Tochter aus erster Ehe mit. Im Rhythmus des Alltags wird von dem neuen Mann einiges an Rücksicht und Mitwirkung gefordert, obwohl es sich nicht um sein Kind handelt. Daher gibt er der Frau mehr als umgekehrt sie ihm. Wenn die Frau dies auch noch lautstark verlangt, wird die Balance des Gebens und Nehmens noch mehr gestört. Allmählich entsteht im Familiensystem ein unwiderstehliches Bedürfnis nach Ausgleich. In dieser Situation gerät das Kind häufig in die Lage, für die Mutter den Ausgleich gegenüber dem Mann herbeizuführen.

In einem zweiten Beispiel, das die Psychotherapeutin Ilse Maly berichtet hat, ist das mangelnde Gleichgewicht zwischen Geben und Nehmen der Ausgangspunkt gewesen. Eine Klientin wurde sechs Jahre lang gemeinsam mit ihrer Schwester vom Vater sexuell missbraucht. Die Frau hatte schon mehrere Therapien und Selbsterfahrungsgruppen hinter sich, doch die erhoffte innere Befreiung trat nicht ein. Der Vater wurde nach wie vor gehasst, während die Mutter idealisiert wurde.

Bei der Aufstellung kam heraus, dass die Mutter ihren ersten Mann im Krieg verloren hatte. Den zweiten Mann heiratete sie nur, um selbst versorgt zu sein und doch noch eine Fami-

lie gründen zu können. Auf eine Sexualität mit dem zweiten Mann ließ sich die Mutter kaum ein, denn sie blieb mit dem ersten Mann tief verbunden. Als Ausgleich hat sie nun unbewusst ihre Töchter dem Vater angeboten. Aus Liebe zu beiden Eltern haben sich die Töchter darauf eingelassen.
Bei der Aufstellung konnte die Klientin dem Vater sagen: »Es war sehr schwer für mich. Ich nehme dich jetzt als meinen Vater. Was immer ich getan habe, habe ich aus Liebe getan, und deswegen ist an mir auch kein Makel. Die Folgen des Missbrauchs lasse ich aber bei dir.«[9]
Bei Familienaufstellungen kann man erleben, dass auch dann, wenn der Missbrauch angeblich jahrelang vor der Mutter geheim gehalten ablief, die Seele der Mutter davon wusste. Oft ist es hilfreich, wenn ein solches Kind in einer Aufstellung der Mutter den Satz sagt: »Liebe Mutter, für dich tue ich es gerne.« Dadurch kommt für das Kind die wahre Dynamik ans Licht. Kinder haben eine so starke Bindung an die Eltern, dass sie zu größten Opfern bereit sind, um bei den Eltern bleiben und sich zugehörig fühlen zu können.
Zu Inzest kann es auch kommen, wenn in einer Ehe der Mann oder die Frau die Familie verlassen will, um zum Beispiel einem verstorbenen Geschwister nachzufolgen. Da aus dem Wunsch, wegzugehen, ein Schuldgefühl entsteht, wird das Kind unbewusst als eine Art Ablöse an den anderen übergeben. So kann beispielsweise die Tochter an die Stelle der Mutter treten, weil sich die Mutter – wie im vorhergehenden Beispiel – dem Vater verweigert und aus dem System tendiert. In der Aufstellung kann man sehen, dass es ein geheimes Einverständnis zwischen Mutter und Tochter gibt.

9 Gespräch von Paula Elisabeth Mölk mit der Psychotherapeutin Ilse Maly in der Illustrierten »Die Tirolerin«, 1996

Auch wenn es bei Inzest immer zwei Täter gibt, einen vordergründigen und einen im Hintergrund, trägt die Schuld in erster Linie der, der das Kind direkt missbraucht hat. Ohne seine Verstrickungen zu erkennen, weiß der Elternteil genau, was er macht.

Als Psychotherapeut tut man gut daran, nicht auf die Entrüstung der Gesellschaft und juristische Regelungen zu schauen, sondern allein darauf, was der verletzten Seele des Kindes hilft. Angesichts des Zeitgeistes bedarf es dazu Mut. Für den Therapeuten ist ein Angriff auf den Täter zwar billig, doch er hat schlimme Folgen für das Opfer. Kinder nehmen in ihrer Urliebe zu den Eltern nur zu gern die Schuld der Eltern auf sich. Wenn der Täter bestraft wird und – noch schlimmer – das Kind öffentlich die entsprechenden Beweise dazu beigesteuert hat, wird sich das Kind in umso innigerer Treue mit dem Täter verbunden fühlen. Durch die Verurteilung des Täters fühlt sich das Kind, obwohl es unschuldig ist, zutiefst schuldig.

Ein Erzieher hat mir in diesem Zusammenhang erzählt, dass Kinder in der Regel alles tun, um den Täter zu decken. Wann immer etwas ans Licht kommt, versucht das Kind, mit der Familie solidarisch zu sein. Es ist nicht einfach nachzuvollziehen, was sich in solchen Fällen bei dem Kind abspielt.

Die Lösung besteht darin, dass das Kind in Liebe beiden Eltern die Schuld lässt. Darüber hinaus kann es in einer Aufstellung dem Täter sagen: »Es war schlimm, ich lasse die Folgen bei dir, und ich mache jetzt etwas Gutes aus meinem Leben« und »Ich ziehe mich jetzt von dir zurück.« Ohne eine solche Haltung kommt es in späteren Beziehungen zum anderen Geschlecht oft zum Scheitern, zu Depressionen, Selbstmordneigungen, dem Gang in die Prostitution oder kriminelle Szene.

Wenn der Inzest noch aktuell ist und der Therapeut direkt mit den Beteiligten zu tun hat, kann er der Mutter im Beisein des Kindes sagen: »Daniela (oder wie immer das Kind heißt) tut es für die Mama.« Das Kind sagt anschließend zur Mutter: »Für dich tue ich es gerne.« Mit dem Inzest ist es dann in der Regel vorbei, weil die Hintergründe offenbar geworden sind. Wenn der Mann anwesend ist, wird das Kind aufgefordert, ihm zu sagen: »Ich tue es für die Mama, zum Ausgleich.« Nun kann sich keiner mehr verhalten wie vorher, und das Kind kann sich wieder gut und unschuldig fühlen. Zusätzlich kann man dem Kind durch eine passende Geschichte vermitteln, dass auch nach solch einem schlimmen Erlebnis das Leben gut weitergehen kann.

Die Öffentlichkeit tabuisiert nicht nur den »Täter im Hintergrund«, sondern auch die Tatsache, dass der Missbrauch manchmal vom Kind als lustvoll erlebt wird. Dieser Wahrnehmung traut das Kind in der Regel nicht, denn es wird ihm von allen Seiten gesagt, dass etwas Böses und Schlimmes passiert ist. In der Folge wird das Sexuelle verteufelt. Hilfreich dagegen ist, wenn das Kind ermutigt wird, sich einzugestehen, dass es auch lustvolle Momente gab, *sofern sie tatsächlich so empfunden wurden*. Das Kind benötigt dabei die Zusicherung: »Auch wenn es für dich lustvoll war, bist du unschuldig.« Die Entrüstung und die Dramatisierung jedoch wirken verschlimmernd.

In einem Seminar erzählte eine Teilnehmerin, die als Psychotherapeutin mit sexuell misshandelten Kindern arbeitete, dass Kinder, für die der Missbrauch lustvoll war, häufig in »frivoler« Weise an andere Erwachsene herantreten. Daraufhin ergießt sich eine Lawine von »das darf nicht sein« und »das ist schlimm« über das Kind. Hellinger ergänzte hier:

»Wenn das Kind auf diese Weise an andere Erwachsene herantritt, sagt es damit den Eltern: ›Ich bin eine Hure und selber schuld am Missbrauch; ihr braucht kein schlechtes Gewissen zu haben.‹ Es ist noch einmal die Liebe des Kindes, wenn es das macht. Wenn ich das dem Kind so sage, weiß es sich auch in diesem Zusammenhang gut. *Man muss immer nach der Liebe suchen.* Dort findet man dann auch die Lösung.« (OL: 280)

Als Erwachsener ist es für das missbrauchte Kind wichtig, dass es seinen ersten Partner, d. h. den Elternteil, würdigt, denn durch die Sexualität entsteht eine Bindung über die Eltern-Kind-Beziehung hinaus. Wenn es die Bindung verleugnet und die Eltern verteufelt, wird es kaum eine befriedigende Partnerschaft erleben können. Partnerschaften können nur gelingen, wenn der frühere Partner geachtet wird. Wenn der Elternteil gehasst und abgewertet wird, bindet sich der oder die Missbrauchte umso intensiver an ihn, und ein Mann oder eine Frau, die ihm oder ihr begegnen, sind auf längere Sicht chancenlos.

Allerdings darf, und hier zeigt sich, wie vielschichtig das Thema ist, das Kind auf den Täter böse sein und ihm die Schuld geben. Dazu braucht es sehr viel Mut, weswegen Hellinger vom »Zumuten der Schuld« spricht. Das Kind kann sagen: »Du hast mir Unrecht getan, und ich lasse die Schuld bei dir. Es steht mir nicht zu, das zu verzeihen.« Verzeihen würde bedeuten, freiwillig die Schuld vom Täter zu übernehmen, die doch dieser tragen soll. All das kann ruhig und abgeklärt geschehen – ohne Hass, Racheabsichten und Vorwürfe. Die Lösung kommt somit nicht durch den Kampf, der keine (Los-)Lösung bewirken kann, weil Kampf immer verbindet.

Die meisten Therapien bei sexuellem Missbrauch sehen völlig anders aus als das, was auf diesen Seiten vorgestellt wurde. Bekannte Familientherapeuten wie Jay Haley und Cloé Madanes lassen den Täter vor dem Opfer knien, damit er seine Reue ausdrückt und sich entschuldigt. Das Opfer kann ihm vergeben, wenn es das möchte. Auch die anderen Familienmitglieder knien vor dem Opfer nieder. Sie sollen ihren Schmerz und ihre Reue darüber ausdrücken, dass sie dieses Familienmitglied nicht besser beschützt haben.

In der Arbeit mit dem Täter diskutiert Madanes mit beiden Eltern, welches die zukünftigen Konsequenzen sein werden, falls der Täter rückfällig wird. Des Weiteren stellt sie mit dem Täter einen detaillierten Plan auf, was er tun soll, wenn der falsche sexuelle Impuls wieder auftritt: ins Kino gehen, essen gehen, die Therapeutin anrufen usw.

Man mag darüber denken, wie man will, eine Therapie an der Wurzel des Problems ist dies wohl nicht. Auch dass alle Familienmitglieder vor dem Opfer knien, hat auf seine Seele keineswegs eine gute Wirkung – selbst wenn das Bewusstsein des Opfers das anders erlebt.

Madanes berichtet über einen großen Erfolg ihrer Therapie: In 96% der Fälle kommt es zu keinem Rückfall – keinem registrierten (!!) Rückfall.[10] Wenn man Erfolg so definiert, ist dies sicherlich eine gute Therapie. Man kann aber an »Erfolg« auch andere Fragen knüpfen: Wie entwickelt sich später die Fähigkeit, Partnerschaften einzugehen? Wie ist die Gemütsverfassung des Opfers über einen längeren Zeitraum hinweg? Gibt es Depressionen oder Drogenmissbrauch? Wie entwickelt sich der Umgang mit den Eltern und der Familie? Kann das Opfer später im Leben Sexualität als etwas Freudvolles erleben?

[10] Charlotte Wirl: »Workshop mit Cloé Madanes: Sex, Love and Violence«, in: M.E.G.a.Phon – Informationsblatt der Milton Erickson Gesellschaft, Nr. 22/1995, S. 11 ff.

Für Bert Hellingers Arbeit gibt es übrigens keine Statistik, wie sie nach sexuellem Missbrauch oder auch bei Schwerkranken gewirkt hat. In seiner Arbeit mit kranken Menschen geht er davon aus, dass man die Wirkung der Aufstellungsarbeit während der Therapie erkennt, wenn ein Klient anfängt zu strahlen und sich erleichtert zeigt. Diese Wirkung genügt ihm, den Rest überlässt er dem Klienten. Eine wissenschaftliche Überprüfbarkeit der Familienaufstellung verbietet sich seiner Ansicht nach von selbst, da der Klient noch unzähligen anderen Einflüssen ausgesetzt ist, wie der Behandlung von Ärzten, der Begegnung mit Freunden und Sozialarbeitern. Wer und was hat gewirkt, und wie hoch ist der prozentuale Anteil, wenn es jemandem nach einem Jahr gut geht? Dieses Argument Hellingers ist so umfassend, dass man es in der Tat auf jegliche Therapie anwenden kann.

Erziehungsgrundsätze

Wer kennt sie nicht, jene Szenen, in denen Kinder ihre Eltern bis zur Weißglut reizen. Ein kleiner Junge verspritzt mit dem Löffel den Tee im Wohnzimmer und zieht seine Mutter immer wieder kräftig an ihren langen Haaren.

»Wenn du jetzt nicht aufhörst, Christian, dann geschieht was!«, schreit die Mutter.

Das Kind ist eine halbe Minute still und brav, dann lächelt es und beginnt das Spielchen von vorne.

»Christian! Bitte! Ich sag's dir!«

Wieder ist das Kind ruhig, um nach einer halben Minute die Mutter erneut zu ärgern.

»Wie oft soll ich dir noch sagen, dass du mich nervst!« Die Stimme der Mutter überschlägt sich, wird kindlich, sie ist den

Tränen nahe. »Du bringst mich um, wenn du jetzt nicht aufhörst. Ich flehe dich an!«
Das herzerbarmende Flehen der Mutter scheint das Kind nicht zu rühren – im Gegenteil. Es wird noch böser und steigert seine Neckereien. Warum sind Kinder so »grausam«? Als stiller Beobachter der Szene verkrampft sich etwas in mir. Es tut mir fast körperlich weh, das mit ansehen zu müssen. Endlich, nach einer Viertelstunde, kommt – wenn auch viel zu spät – eine Erleuchtung über die Mutter: »Das ist die letzte Warnung! Noch einmal, und du musst in dein Zimmer!«
Wie nicht anders zu erwarten, macht Christian seine »Psychospielchen« weiter. Ohne weitere Erklärung schnappt sich die Mutter energisch ihren wild protestierenden Sprössling und bringt ihn ins Kinderzimmer. Das Gespräch zwischen den Erwachsenen kann nun endlich fortgesetzt werden. Nach einer halben Stunde schaut die Mutter wieder ins Kinderzimmer. Christian strahlt über das ganze Gesicht und umarmt seine Mutter heftig. Anschließend ist er das liebste Kind, das man sich vorstellen kann. Alles, nach was seine Seele wirklich schrie, war das Bedürfnis, eine starke Mutter zu erleben, eine Mutter, die fähig ist, klare Grenzen zu setzen. Erst wenn das Kind »große«, starke Eltern erlebt, fühlt es sich geborgen und sicher. Um dieses Ziel zu erreichen, lohnt für ein Kind auch ein »größerer Aufwand«.
Weil Eltern zunehmend zu den Freunden ihrer Kinder werden, statt Eltern zu sein, werden die Kinder immer mächtiger. So darf man sich nicht wundern, dass sie diese tyrannisieren und ihnen böse sind, denn die Störaktionen sind nur ein Hilferuf: »Wann werdet ihr endlich begreifen, was ich wirklich will?«
Eltern tun gut daran, ihren Kindern klar zu vermitteln, wer das Heft in der Hand hat. Die Mutter in unserem Beispiel hatte sich von ihrem Sohn viel zu lange auf dem Kopf herumtanzen

lassen. Es ist ratsam, die Kinder rechtzeitig klare Einstellungen erkennen zu lassen, damit diese wissen, woran sie sind.

Ein anderes Beispiel: Eine allein erziehende Mutter hatte ihren 16-jährigen Sohn in die Rolle des Ersatzmannes schlüpfen lassen. Durch diesen Umstand hatte der Junge extrem viel Macht, und die Frau hatte zuweilen sogar Furcht vor ihm. Alle wichtigen Entscheidungen wurden von ihm getroffen. Das wurde beispielsweise an einem Autokauf deutlich. Obwohl die finanzielle Situation der kleinen Familie keineswegs rosig war, bestimmte der Sohn, welches Auto es sein sollte. Es war ein recht teures Auto, und die Mutter gehorchte. Doch finanzielle Nöte ließen die Frau bereuen, dass sie ihren Sohn die Entscheidung hatte treffen lassen. Sie schmiedete den Plan, seinen Urlaub mit einer Jugendgruppe zu nutzen, um das Auto wieder zu verkaufen und ein preiswerteres zu beschaffen. Doch sie hatte fürchterliche Angst: »Was wird mein Sohn mit mir anstellen? Er wird toben und schreien, und alles wird noch schlimmer. Wie soll ich ihm das nur erklären?«

»Gar nicht!«, gab ich ihr zur Antwort. »Du machst, was du für richtig hältst, und stellst ihn vor vollendete Tatsachen. Wenn er Erklärungen von dir will, erwiderst du mit ruhiger, freundlicher Stimme: ›Ich tue, was ich für richtig halte.‹ Dann kannst du sogleich das Thema wechseln.«

»Aber das ist ja Revolution! Wie soll er verstehen, dass ich plötzlich die Zügel in die Hand nehme. Die ganzen Jahre war doch er der Boss und nicht ich. Ich kann mir nicht vorstellen, dass das funktioniert!«, rief sie aus.

»Mach's einfach!«, riet ich ihr. »Wir werden darüber reden, wie es war.«

Sie tat es tatsächlich und war über die Reaktion ziemlich erstaunt. Der Sohn protestierte zwar ein wenig, doch er lachte und insistierte nicht weiter. Von Wut konnte keine Rede sein. Die Mutter konnte in seiner Mimik sogar erkennen, dass er über ihre plötzliche Stärke erleichtert war! Diese Erfahrung wird ihr helfen, in Zukunft zwar liebevoll, aber doch als Elternteil und nicht in der Kindrolle gegenüber ihrem Sohn aufzutreten. Die Seele des Jungen wird dadurch jedenfalls sehr entlastet. Zur normalen Entwicklung eines Kindes gehört es natürlich, dass es zuweilen Verbote übertritt und damit schuldig wird. Wenn beispielsweise ein Kind die Familie verlässt und einen Partner oder einen Beruf wählt, den die Eltern ablehnen, kann es nur heiraten oder diesen Beruf erlernen, wenn es gegen die Normen der Eltern verstößt. Wie schon gesagt, »sind« Kinder nicht nur ihre Eltern, sondern sie haben auch etwas Eigenes, für das sie Verantwortung tragen. Eine gesunde Ich-Stärke entwickelt ein Kind, wenn es Verbote der Eltern auch übertritt. Oft müssen die Eltern heimlich hoffen, dass ihr Kind ein Verbot missachtet. Wenn das Kind dies auf Dauer nicht tut, ist es für Eltern und Kinder schlimm. Erlauben die Eltern dagegen alles, wie in der antiautoritären Erziehung, kann das Kind keine seelische Kraft entwickeln und fühlt sich orientierungslos.

Ein solches Kind kann natürlich sehr selbstsüchtig sein, doch ist es das nur auf einer vordergründigen Ebene. Man darf ein solches Verhalten nicht mit Ich-Stärke verwechseln. Was ein Kind sagt und wie es sich verhält, ist die eine Seite, und was es tatsächlich will, eine andere.

Wenn Kinder in einer Familie ständig den Frieden stören, kann man sicher sein, dass es eine andere Ebene gibt, auf der sie aus Liebe handeln. Bert Hellinger hat einmal in einem Heim für schwer erziehbare Mädchen einen Kurs für die Mädchen und deren Eltern abgehalten. Bei allen Familienaufstellungen zeigte sich dieselbe Dynamik: »Lieber verschwinde ich als du, liebe Mama/lieber Papa.« Keiner, weder die Erzieher noch die Eltern, hatte vorher bemerkt, wie sehr die Kinder ihre Eltern liebten und was sie bereit waren, für diese zu tun. Als das zu Tage trat, verstanden plötzlich Erzieher, Therapeuten und Eltern, warum die Mädchen Probleme hatten.

Eines der Mädchen war drogensüchtig und hatte sich vom Dach gestürzt. Bei der Aufstellung wurde deutlich, dass es ihr Vater war, der sterben wollte. Der Vater wiederum wollte seinem bereits verstorbenen Vater folgen. Innerlich sagte das Kind zum Vater: »Lieber sterbe ich als du.« Die Lösung besteht darin, der Tochter zu zeigen, dass es mit seinem Leiden nicht die Macht hat, das Leiden des Vaters aufzulösen. Das Leiden des Kindes macht alles nur schlimmer. Die Tochter kann sagen: »Lieber Papa, bitte bleibe und segne mich, wenn auch ich bleibe.«

Für die Kindererziehung ist es wichtig, noch andere grundsätzliche Dinge zu berücksichtigen. In jeder Familie bringen sowohl der Mann als auch die Frau die Wertvorstellungen der Herkunftsfamilie ein. Diese Wertvorstellungen sind naturgemäß unterschiedlich. Das Kind befolgt und anerkennt als richtig, was Vater *und* Mutter in ihrer eigenen Familie entweder gefehlt hat oder was ihnen wichtig war.

Wenn sich beispielsweise die Mutter mit ihren Wertvorstellungen in der Erziehung der Kinder durchsetzt, folgt das Kind zwar vordergründig der Mutter, aber hintergründig ist es mit dem Vater solidarisch. Das Kind folgt auf einer Ebene dem, der sich durchsetzt, verwirklicht dann jedoch das Hintergründige, das nicht sein darf. Kinder wollen es in ihrer Liebe immer *beiden* Eltern recht machen. Dies geschieht unbewusst. Man kann dies auch als ein Sich-Verbünden mit dem unterlegenen Elternteil betrachten. Wenn zum Beispiel eine geschiedene Mutter zu ihrer Tochter sagt: »Werde ja nicht wie dein Vater!

Der ist ein Versager, der ist der Allerschlimmste!«, solidarisiert sich das Kind mit dem Vater. Es kann gar nicht mehr anders werden als er. Wenn die Mutter sagt: »Du darfst werden wie ich, und du darfst auch werden wie dein Vater«, braucht das Kind die problematischen Seiten des Vaters nicht zu übernehmen. Wenn Eltern ihre Kinder aufmerksam anschauen, können sie erkennen, wo und wie sie von ihnen geliebt werden.

Was den Eltern in ihrer Beziehung »an Achtung und Liebe gegenüber dem Partner gelingt, das gelingt ihnen auch gegenüber dem Kind«. Was ihnen dem Partner gegenüber misslingt, muss ihnen auch gegenüber dem Kind missraten. Was die Partner aneinander stört, wird sie auch am Kind stören. (MFL: 150 f.)

Bei Erziehungsproblemen ergibt sich aus alldem folgende Lösung: Indem die Eltern sich achten, werden sie auch das Kind achten. Überdies können sich die Eltern auf ein neues Wertesystem einigen, bei dem die Werte beider zu ihrem Recht kommen. Dadurch entsteht ein neues Wertesystem. Wenn Eltern sich einig sind, weiß das Kind immer, woran es ist, wird sich sicher fühlen und den Eltern gerne folgen. Erwartet die Mutter von dem Kind jedoch immer etwas anderes als der Vater, muss das Kind unsicher und verwirrt werden.

Ein anderer Erziehungsratschlag betrifft das Verhalten der Eltern, wenn sie einmal Fehler gemacht haben. Damit die Eltern weiterhin groß und die Kinder klein bleiben können, sollten Eltern ihre Kinder nie um Verzeihung bitten. Die Kinder werden den Eltern böse, denn ein Verzeihung gewährendes Kind kommt automatisch in die Position des Stärkeren. Doch können Eltern, wenn sie ein Unrecht getan haben, dem Kind sagen: »Es tut mir Leid.«

Weil Eltern vor ihren Kindern nicht klein werden sollen, nimmt Hellinger in der Regel Eltern nicht für eine Beratung an, wenn sie ihre Kinder dabeihaben. In der klassischen Familientherapie hingegen ist es üblich, dass Eltern und Kinder gemeinsam mit dem Therapeuten reden. Dabei kann es natürlich auch vorkommen, dass die Kinder ihre Eltern als schwach erleben. Manch einem mag es übertrieben erscheinen, doch allein die Tatsache, dass Eltern einen Therapeuten in Anspruch nehmen und die Kinder davon erfahren, findet Hellinger problematisch. In meinen eigenen Aufstellungsseminaren hat es sich aber oft als hilfreich erwiesen, wenn Eltern und erwachsene Kinder gemeinsam an einem Seminar teilgenommen haben.

Die unterbrochene Hinbewegung

Wenn ein Kind ein starkes Gefühl von Verlust und Trennung erlebt, etwa durch einen frühen Krankenhausaufenthalt, führt das zu einer Störung. Eine solch unterbrochene Hinbewegung entsteht häufig im ersten Lebensjahr, und sie bezieht sich meist auf die Mutter.

Wann immer das Kind später als Erwachsener auf andere zugeht (Hinbewegung), kommt unbewusst die Erinnerung an diese Unterbrechung hoch, und die damaligen Gefühle und Symptome, wie Wut, Hass, Trauer, Verzweiflung und Resignation, treten hervor. Auch Kopfdruck, Magenschmerzen oder Verspannung können die Symptome sein. Nicht selten zeigt sich die damalige Entscheidung als problematisch: »Ich werde nie mehr im Leben um etwas bitten« oder »Ich werde mich nie mehr schwach zeigen«. Statt die Hinbewegung weiterzuführen, bis sie endlich ans Ziel kommt, so Hellinger, »weicht der Erwachsene zurück, oder er beginnt eine Kreisbewegung, bis er zum gleichen Punkt zurückkommt, und das ist das ganze Geheimnis der Neurose«. (ZG: 215)

Eine unterbrochene Hinbewegung erkennt man in der Praxis nicht nur an den oben beschriebenen Symptomen, sondern auch am Umgang mit den Eltern. Meist wollen die Betroffenen mit jenem Elternteil, zu dem die Hinbewegung unterbrochen ist, möglichst wenig zu tun haben. Nicht selten sprechen sie auch abwertend über diesen Elternteil, brechen die Beziehung zu ihm ab und behaupten, dass sie gegenüber Vater oder Mutter »nichts empfinden«. Dieses »Nichtempfinden« schützt den Klienten vor der Wahrnehmung des Schmerzes. Doch der Schmerz ist nur verdrängt.
Auch bei Angststörungen handelt es sich häufig um einen verdrängten Schmerz infolge einer unterbrochenen Hinbewegung. Wenn ein Kind den Vater oder die Mutter durch Tod oder Trennung verloren hat, wird es böse auf diesen Elternteil. Da das Kind jedoch in Urliebe an die Eltern gebunden ist, lässt es diese Wut kaum zu: Die Wut verschiebt sich zu Angst. Das Kind fürchtet sich vor der Wut und deren Folgen und sucht lieber Zuflucht bei der Angst. Schon Sigmund Freud hat auf diesen Zusammenhang hingewiesen: »Die gewöhnlichste Ursache der Angstneurose ist die frustrane Erregung. Es wird eine libidinöse Erregung hervorgerufen, aber nicht befriedigt, nicht verwendet; an Stelle von dieser von ihrer Verwendung abgelenkten Libido tritt dann Ängstlichkeit auf. Ich glaube mich sogar berechtigt zu sagen, diese unbefriedigte Libido verwandelt sich direkt in Angst. [...] Die Einsamkeit sowie das fremde Gesicht [einer anderen Person] erwecken die Sehnsucht nach der vertrauten Mutter; das Kind [und auch der spätere Erwachsene] kann diese libidinöse Erregung nicht beherrschen, [...] sondern verwandelt sie in Angst.«[11]

[11] Sigmund Freud: »Angst und Triebleben«, zitiert nach: Ursula Franke: »Systemische Familienaufstellung«, Wien 1996, S. 97

Bert Hellinger lässt in seiner Arbeit den Klienten regredieren, bis er in der Kindheit wieder an das Ereignis gelangt, das die Auslösung für die Unterbrechung der Hinbewegung war. Hellinger vertritt dann den betreffenden Elternteil und hält den Klienten fest, bis die ursprüngliche Liebe, die in Wut und andere Gefühle umgeschlagen ist, wieder offen als Liebe und Sehnsucht zur Mutter oder zum Vater fließen kann.

In einem Kurs erzählte Hellinger, wie die Mutter einem Kind helfen kann, die unterbrochene Hinbewegung zum Ziel zu bringen. Eine Mutter sorgte sich um ihre Tochter, die sie mied und nur selten nach Hause kam. Hellinger sagte ihr, sie müsse die Tochter noch einmal halten, wie eine Mutter ihr trauriges Kind hält. Doch sie solle in ihrer Seele nur das gute Bild wirken lassen, bis die Lösung sich von selber anbahne. Nach einem Jahr, so berichtete die Mutter, sei die Tochter nach Hause gekommen, habe sich still und innig an sie geschmiegt, und sie habe sie lange gehalten. Dann erhob sich die Tochter und ging. Weder die Mutter noch die Tochter hatten etwas gesagt. Das ist ein schönes Beispiel dafür, wie gute Bilder wirken können.

In einem anderen Fall schrieb Bert Hellinger einer Frau: »Die Gefühle, die du schilderst, sind, so scheint es mir, das Ergebnis einer unterbrochenen Hinbewegung, vielleicht zur Mutter. Wenn sie wiederkommen, hilft es, das Kind in dir sanft bei der Hand zu nehmen und es dorthin zu führen, wohin sein Herz sich sehnt. Ein Satz, der dabei helfen kann, lautet: ›Mama, ich gebe dir die Ehre.‹«

Ungefähr ein Jahr später antwortete die Frau: »Ich weine in den Armen meiner Mutter. So kommt Heilung. Dafür hast du mir den Weg geebnet. Ich danke dir.« (FWW: 86)

IV
Mann und Frau

Der »richtige Mann« und die »richtige Frau«

Darüber, wie man den »richtigen Mann« und die »richtige Frau« findet, ist schon viel geschrieben worden. Einem Paar, das sich nicht so recht füreinander entscheiden konnte, erzählte Hellinger die Geschichte von einem jungen Mann. Dieser konnte sich nie so recht für den Kauf eines Autos entscheiden, obwohl er doch so gerne damit durch die Gegend gefahren wäre. Er beschloss, ein weiteres Jahr abzuwarten, ob die Modelle der neuen Saison vielleicht besser sein könnten. Doch er fand gewisse Mängel und wartete wiederum ein Jahr.

Dass diese Geschichte kein gutes Ende hat, kann man sich denken. Den Mann befiel am Ende die Torschlusspanik. Von einem Augenblick zum anderen wollte er nun ein Auto kaufen, gleichgültig was für eines. In seiner Eile wurde er von einem Lkw überfahren. Hellinger riet dem Paar schließlich: »Der richtige Mann und die richtige Frau sind selten zu finden. Der gute Mann und die gute Frau sind gewöhnlich genug.« (FWW: 16)

Wo bleiben da die berauschenden Gefühle der Liebe und die Leidenschaft? Ist die Geschichte nicht etwas zu drastisch? Sicherlich kann man Hellinger nicht vorwerfen, dass er Dinge verharmlost. Nicht nur in seinen Geschichten, die er oft und gerne erzählt, sondern auch in der Therapie unterstreicht er nachdrücklich, was die Wirkungen bestimmter Haltungen sind.

Bestraft das Leben die Zögernden nun wirklich so hart? Der

Leser möge die Probe aufs Exempel machen und sich in seinem Bekanntenkreis umschauen. Wie ist es denen ergangen, die an Aussehen, Charakter, Bildungsgrad des Partners die höchsten Ansprüche stellten? Nach meiner Erfahrung haben sie meist nur kurze, unbefriedigende Beziehungen und bleiben oft allein.

Manchmal gelingt eine Ehe oder Partnerschaft trotz größter Liebe nicht. Den »Richtigen« zu finden genügt eben nicht. Liebe muss nicht nur Leidenschaft, sondern auch »Köpfchen« haben. Liebe ohne den Kopf, so Hellinger, geht immer schief. Haben das nicht schon unsere Großeltern gesagt? Für Romantik und Leidenschaft, so scheint es, hat Hellinger tatsächlich nichts übrig.

In der Praxis allerdings kann man feststellen, dass die leidenschaftliche Liebe nicht ohne die Achtung der Ordnung gelingen kann. Schon an früherer Stelle erwähnte ich das Beispiel der Frau, die einen Mann heiratete, der aus erster Ehe mehrere Kinder mitbrachte. Nach der natürlichen Ordnung kommen für den Mann an erster Stelle seine Kinder und dann erst die zweite Frau. Die Liebe kann nur gelingen, wenn sich die Frau mit dem zweiten Platz zufrieden gibt und den Vorrang der Kinder achtet. Damit ist ein Opfer verbunden.

Oft scheitert eine Paarbeziehung daran, dass einer nicht wahrhaben will, was diese Ordnung fordert. Selbst die romantischste Liebe kann dies nicht ausgleichen. Wenn Liebe auf die Kosten anderer im System geht, hat sie es immer sehr schwer, und je nach der Höhe dieser Kosten muss sie scheitern. Genau aus diesem Stoff sind die großen Romane der Weltliteratur gemacht. Mann und Frau leben in dem süßen Wahn, dass es nur sie allein auf der Welt gibt. Sie haben keinen Blick dafür, wie sich ihr Handeln auf andere Mitglieder im Familiensystem auswirkt.

Ein Beispiel: Eine Klientin lernte einen verheirateten Mann kennen, der mehrere Kinder hatte. Der Mann ließ sich wegen ihr scheiden, zog zu der neuen Frau und heiratete sie. Die Kinder blieben bei ihrer Mutter. Doch die Leidenschaft der neuen Liebe hatte sich bald aufgebraucht. Schon nach drei Monaten stellte sich bei der Frau ein Gefühl ein, das sie mir gegenüber so formulierte: »Guten Gewissens habe ich nicht geheiratet.«
Heute würde mich ein solcher Satz sofort hellhörig machen, doch damals hatte ich mich nicht mit Bert Hellingers Einsichten auseinander gesetzt. Das Paar stritt sich von morgens bis abends, angeblich wegen der unterschiedlichsten Dinge wie Unordentlichkeit im Bad und Ähnliches mehr. Doch wenn die »Hölle« daraus wird und sich »zwischen mir und dem anderen eine Wand aufbaut«, stehen diese alltäglichen Kleinigkeiten für etwas anderes: In diesem Beispiel stehen sie für die Schuld, die beide in Bezug auf die erste Frau und die Kinder auf sich geladen hatten. Wenn es der Frau überhaupt gelingen kann, mit dem Mann glücklich zu werden, dann nur, indem sie der Schuld bewusst ins Auge blickt und die Bindung des Mannes an die erste Frau würdigt. In den Imaginationen, die ich mit der Klientin damals durchführte, lief der Mann immer von ihr weg! Es ist klar, wo er letztlich hinlief ...
Die »Wand«, die sich zum Partner aufbaut, kann allerdings auch auf eine Verstrickung mit der Herkunftsfamilie zurückzuführen sein. Die unbewussten Verstrickungen mit dem Ursprungssystem haben oft die Folge, dass man sich besonders schwierige Konstellationen in der Paarbeziehung »aussucht«. Die Frau aus dem obigen Beispiel ist ohne Vater aufgewachsen, und außerdem waren beide Großväter ermordet worden. Eine Reihe von Halbgeschwistern väterlicherseits

kannte sie nur vom Hörensagen. Dass sich all das auch auf den Beziehungsbereich auswirkt, kann man wohl nachvollziehen.
Die Sehnsucht nach dem fehlenden Vater kann ein späterer Partner nicht stillen. Zudem band sie die Solidarität mit den Ermordeten an die Ursprungsfamilie.

Was macht den Mann zum Mann und die Frau zur Frau?

Nach Hellinger wird der Mann erst ein Mann, indem er eine Frau hat, und umgekehrt eine Frau eine Frau, indem sie einen Mann hat. Zur Liebe gehört, dass sie sich beide als Mann und Frau wollen. Entscheiden sie sich aus anderen Gründen füreinander, wird die Paarbeziehung scheitern. Solche Gründe sind finanzielle Versorgung, vom anderen regelmäßig bekocht zu werden, Bequemlichkeit, sich nicht mehr um die Wäsche kümmern zu müssen, intellektuelles Angesprochensein, Konfession oder weil man ihn oder sie gern als zukünftigen Vater oder Mutter seiner Kinder haben möchte.

Ich erinnere mich an einen Klienten, bei dem ebenfalls »andere« Gründe für eine Heirat vorlagen. Er war an die vierzig und lebte immer noch allein. Mit einer Frau, die er kennen lernte, verband ihn ein gutes Verständnis, nicht mehr und nicht weniger. Als seine Eltern und seine Freunde ihm immer wieder in den Ohren lagen, er solle diese Frau doch nun endlich heiraten, gab er schließlich nach. In dieser Ehe war von Anfang an der Wurm drin. Nach zehn quälenden Jahren verließ der Mann die Frau wieder und ließ sich scheiden.

Die richtige Heirat gelingt einem Mann in der Regel erst, wenn er seinem Vater im Herzen so zustimmen kann, wie er ist. Für die Frau gilt in Bezug auf die Mutter dasselbe. Wenn eine Frau einen Mann kennen lernt, der seinen Vater noch nicht genommen hat, dann sieht sie (unbewusst) keinen richtigen Mann in ihm. Denn das Männliche erhält der Mann von

seinem Vater; lehnt er den Vater ab, unterdrückt er das Männliche in sich selbst.
Robert Bly schreibt in seinem Buch »Der Eisenhans – ein Buch über Männer«, dass laut einer völkerpsychologischen Untersuchung ein Junge in den USA um 1940 nur eines tun musste, um ein »Mann« zu werden: den Vater ablehnen. Die Söhne stellten sich die Väter als einfältige Objekte vor, über die man sich lustig machen kann. Was dabei herauskommt, kann man sich denken: Machos! In der gleichen Studie wurde geschrieben, dass amerikanische Väter in der Tat erwarten, von ihren Söhnen abgelehnt zu werden.
Für Robert Bly steht fest, dass den jungen Männern heute der »väterliche Saft« fehlt. Die Art, wie er sich das Nehmen dieses Saftes vorstellt, hat gewisse Ähnlichkeiten mit Hellingers Vorstellungen: »Der Vater gibt, und der Körper des Sohnes – nicht sein Geist – empfängt diese Nahrung, auf einer Ebene, die tief im Unbewussten liegt. (...) Allmählich erfasst er das Lied, das die Zellen des erwachsenen Mannes singen (...)«[12] Allerdings ist dieses Nehmen des väterlichen Saftes wohl nicht, wie Bly meint, auf das Körperliche beschränkt.
Welche Folgen das Fehlen des väterlichen und männlichen Saftes hat, beschreibt Bly in seinem Buch auf anschauliche Weise. Die jungen Männer hungern ihr ganzes Leben nach dem Vater, ohne es zu merken. Es fehlt ihnen etwas Entscheidendes. Auch das Unbewusste reagiert darauf. Bly erwähnt den Traum eines 20-jährigen Mannes, der von Frauen »initiiert« worden war. Seine Eltern ließen sich scheiden, als er zwölf Jahre alt war. Er wuchs bei der Mutter auf. Während seiner ganzen Jugend hatte er engeren Kontakt zu Frauen als

[12] Robert Bly: »Der Eisenhans – ein Buch über Männer«, München 1993, S. 136 f.

zu Männern, und das blieb auch während des Studiums so. Die engsten Freundschaften pflegte er mit Feministinnen, denn von ihnen war er besonders begeistert. Später wurde er politisch tätig und setzte sich für die Rechte der Frauen ein.

In dieser Zeit hatte er einen Traum: Ein Rudel Wölfinnen und er liefen durch einen Wald (Wölfe bedeuteten für ihn Unabhängigkeit). Gemeinsam kamen sie schließlich an das Ufer eines Flusses. Jede der Wölfinnen schaute in das Wasser und sah ihr Spiegelbild. Doch als der junge Mann ins Wasser blickte, sah er nichts.[13] Im Gegensatz zu den Frauen fehlte ihm die geschlechtliche Identität! Bei Frauen kann sie ein Mann nämlich nicht finden.

Ich erinnere mich an einen Klienten, der an die 40 Jahre alt war. Er wirkte in seinem Verhalten wie ein verschüchterter, verweiblichter Jugendlicher. Erst vor kurzem war er aus dem Haus seiner Mutter gezogen. Der Vater war schon vor zehn Jahren verstorben. Seine Mutter hasste er, und seinen Vater bezeichnete er als einen »Schwächling«, der einem kein Vorbild sein konnte. Doch ganz egal wie schwach sein Vater gewesen sein mag, den »männlichen Saft« kann ein Junge nur von seinem Vater bekommen.

Das Anliegen des Klienten war: »Ich will meine Depression los sein, brauche mehr Selbstbewusstsein, und ich will endlich ein Mann werden.« Als er begann, mir die negativen Seiten seines Vaters zu schildern, unterbrach ich ihn. Ich bat ihn, mir aus seiner Kindheit einige positive Erinnerungen mit dem Vater zu schildern. Der Mann beugte seinen Kopf und erzählte tatsächlich eine Episode, in der er sich mit seinem Vater gut verstanden hatte. Plötzlich fing er an zu weinen. Es

[13] Robert Bly, ebenda, S. 34

war ihm sehr peinlich, zu spüren, dass er seinen Vater liebte. »Das verstehe ich nicht«, sagte er. »Ich lehne ihn doch ab, wie kommt das?«
Statt mit ihm zu diskutieren, wollte ich ihn mit Hilfe einer Übung tiefer in die Liebe zum Vater führen, doch er wollte die Liebe und den Schmerz nicht mehr auf diese Weise spüren. Den nächsten Termin sagte er ab, und so bleibt ihm der Vatersaft weiterhin »erspart«.
Übrigens hat dieser Mann trotz seiner 40 Jahre noch nie eine Partnerschaft oder eine sexuelle Begegnung mit einer Frau erlebt. Das war auch sein Anliegen mit der Formulierung »Ich will endlich ein Mann werden«. Je weniger Vatersaft einer getrunken hat, desto uninteressanter ist er für die Frauen. Mit solchen Männern haben Frauen nur Mitleid, sie sehen nichts Attraktives an ihnen.

Anima und Animus

In der Bewertung des gegengeschlechtlichen Anteils im Menschen unterscheidet sich Hellinger grundlegend von dem Tiefenpsychologen C. G. Jung. Für Jung stellt die Anima »die Eva im Manne« und der Animus das männliche Potenzial in der Frau dar. Der Mann entwickelt die Anima in der Beziehung zur Mutter und die Frau den Animus in der Beziehung zum Vater.

Für Jung geht es darum, das Gegengeschlechtliche bewusst zu machen. Indem man das Gegengeschlechtliche in sich »durchschaut«, bekommt man sich und seine Emotionen und Affekte weitgehend in den Griff. Dadurch wird Unabhängigkeit, aber auch Einsamkeit erlangt, »jene Einsamkeit des ›innerlich freien‹ Menschen, den keine Liebesbeziehung oder Partnerschaft mehr in Ketten zu schlagen vermag, für den das andere Geschlecht seine Unheimlichkeit verloren hat, weil er dessen Wesenszüge im eigenen Geschlecht kennen gelernt hat«.[14]

Ganz anders ist die Sichtweise bei Hellinger. Für ihn steht fest: Männer und Frauen unterscheiden sich in ihrem Fühlen und Denken derart fundamental, dass man das Gegengeschlechtliche in sich nie so weit wird erkunden können, wie C. G. Jung es vorschwebt. Für die Frau bleibt der Mann immer ein Mysterium, und umgekehrt gilt Gleiches. Hellinger lehnt das Kultivieren des Gegengeschlechtlichen ab, weil es

[14] Jolande Jacobi: »Die Psychologie von C. G. Jung – mit einem Vorwort von C. G. Jung«, Frankfurt 1989, S. 123

ihm um die Entwicklung des eigenen Geschlechts geht. Dies geschieht durch das Nehmen des gleichgeschlechtlichen Elternteiles (siehe Kapitel »Das Nehmen der Eltern«). Wer das Gegengeschlechtliche in sich fördert, schöpft die Chancen des eigenen Geschlechts nicht aus. Wenn ein Sohn im Bereich des Mütterlich-Weiblichen verbleibt, wird er nie zum Mann. Ein animabesessener Mann bringt nach Hellinger weniger Mitgefühl für Frauen auf und findet im Allgemeinen weder bei Männern noch bei Frauen Anklang. Für die Frau gilt umgekehrt Gleiches. Aus diesen Gründen empfiehlt Hellinger, dass Kinder frühzeitig in den Bannkreis des gleichgeschlechtlichen Elternteils gestellt werden.

Damit beabsichtigt er mehr als den Umstand, dass das menstruierende Mädchen von der Mutter und nicht vom Vater sexuell aufgeklärt wird. Der Vater gibt innerlich die Tochter in die Hände der Frau, damit sie mehr »Muttersaft« trinken kann, und umgekehrt ereignet sich das Gleiche mit den Söhnen und Vätern. Dennoch bleiben die Eltern für das gegengeschlechtliche Kind immer sorgende Eltern und stehen natürlich auch in liebevollem Kontakt mit ihm. Wenn Eltern sich so verhalten, tun sie dem Kind etwas Gutes, denn eine Tochter wird umso unfähiger für tiefe Beziehungen mit Männern sein, je länger sie im Bannkreis des Vaters steht, und sie wird umso bindungsfähiger werden, je früher sie an die Seite ihrer Mutter tritt.

Was den Jung'schen Begriff von Animus/Anima betrifft, kommt Hellinger zu folgendem Schluss: »Die Anima ist also das verinnerlichte Resultat des Nichtnehmens des Vaters durch den Sohn; und der Animus ist das Ergebnis des Nichtnehmens der Mutter durch die Tochter.« (ZG: 102) Hellinger gesteht selber ein, dass dieses harte Urteil dem Jung'schen Ansatz nicht gerecht wird, denn für Jung sind Animus und

Anima auch kosmische Prinzipien. In Animus und Anima sieht Jung unbewusste Seelenbilder, die man zum Beispiel durch Imaginationen oder Traumanalyse besser verstehen kann. Die Auseinandersetzung mit diesen beiden Prinzipien ist bei Jung eine Etappe im Individuationsprozess und somit nicht nur auf Mann und Frau bezogen. Mit Hilfe von Animus und Anima kann der Mensch Kontakt herstellen zwischen seinem individuellen Unbewussten und dem kollektiven Unbewussten.[15] Dieses Unterfangen ist laut Jung nicht ohne Risiko.

Zudem war sich Jung durchaus bewusst, dass eine starke Anima einen Mann verweiblichen lässt und für ihn sehr problematisch ist. So sagt er zum Beispiel: »Für den Sohn steckt in der Übermacht der Mutter die Anima, welche manchmal zeitlebens eine sentimentale Bindung hinterlässt und das Schicksal des Mannes aufs Schwerste beeinträchtigt (...)«[16] Jung empfiehlt das Bewusstmachen dieser Bindung ans Weibliche, doch er kommt nicht auf den Gedanken, den Mann an seinen Vater zu verweisen. Darin lässt sich der entscheidende Punkt im Vergleich zu Hellinger erkennen. Dass Jung die Bedeutung des gleichgeschlechtlichen Elternteils nicht erfasst, hat mit seiner eigenen Geschichte zu tun: Er war sehr an seine Mutter gebunden. In seinem Vater sah er einen Mitleid erregenden Versager. Zwischen beiden, so Jung, war ein Abgrund, »und ich sah keine Möglichkeit, diese unendliche Kluft zu überbrücken«.[17] Doch die jahrelange

[15] Das ist bei Jung die Welt der Urbilder bzw. »Archetypen«, die in Märchen und Mythen anzutreffen sind.

[16] C. G. Jung: »Archetypen«, München 1990, S. 32

[17] »Erinnerungen, Träume, Gedanken von C. G. Jung«, herausgegeben von Aniela Jaffe, Olten 1990, S. 61

Auseinandersetzung und »Bewusstmachung« der Anima durch Traumanalyse ersetzt noch lange nicht das Nehmen des Vaters.[18]

[18] Viele heutigen Jungianer, wie Verena Kast, halten sich nicht mehr an Jungs strenge Definition von Animus und Anima. Für sie haben Frauen auch eine Anima und Männer einen Animus. Damit muss eine (moderne) Jung'sche Sichtweise Hellingers Systemischer Psychotherapie nicht unversöhnlich gegenüberstehen.

Der Mann dient dem Weiblichen, und die Frau folgt dem Mann

Den ersten Halbsatz dieser Überschrift liest man als Frau sicherlich gerne, den zweiten dafür mit umso mehr Unbehagen. Was bedeutet es, wenn Hellinger sagt, die Frau solle dem Mann folgen? Er meint das ganz wörtlich: Wenn zum Beispiel Mann und Frau sich kennen lernen und weit voneinander entfernt wohnen, geht die Beziehung meist schief, sobald der Mann zur Frau zieht, um in den Betrieb der Schwiegereltern einzusteigen. Zieht die Frau zum Mann, ist das zwar noch keine Garantie für ein Gelingen, doch ist die Chance zumindest höher. Ausnahmen mögen das bestätigen.

Wenn man das hier Gesagte ernst nimmt, hat das weitreichende Folgen bei Ehen zwischen Partnern verschiedener Nationalität, Kultur oder auch Konfession. In der Regel müssen die Frau und vor allem die Kinder in diesen Punkten dem Mann folgen. Eine deutsche Frau, die einen türkischen Mann heiratet, sollte wissen, dass die Kinder in ihrem Herzen Türken sind. Wenn man ihnen verbietet, sich mit dem Islam und der türkischen Kultur auseinander zu setzen, bringt man ihre Seele in einen Konflikt.

Für Hellinger hat das »nichts zu tun mit Patriarchat. Man sieht aber die Wirkung des einen und des anderen am Frieden, der auf einmal herrscht, und an der guten Kraft, die plötzlich in so eine Familie kommt. Die einzige Ausnahme, die ich kenne, ist die, wenn die Familie des Mannes sehr durch schwere Schicksale belastet ist.« (OL: 460) In letzterem Falle müssen die Kinder in den Bannkreis der Mutter und deren Familie.

Hellingers Kritiker sind sehr dankbar für solche Äußerungen, denn sie scheinen ihr Vorurteil über ihn zu bestätigen. Doch wer ihn vorschnell verurteilt, sollte einfach auf die Wirklichkeit schauen und prüfen, ob er Recht hat. »Wenn jemand Gegenbeispiele hat«, so räumt er ein, »lasse ich mich gern belehren.« (OL: 185)
Wenn die Frau dem Mann folgt, bedeutet dies natürlich auch, dass der beruflichen Situation des Mannes Priorität eingeräumt wird. Steht bei Hellinger die Frau nur am Herd und kümmert sich um die Kindererziehung?
Zunächst einmal scheint mir wichtig, dass Hellinger die »Nur-Hausfrau« und Mutter, im Gegensatz zur Gesellschaft und vor allem im Gegensatz zu vielen Frauen, nicht abwertet, sondern achtet. Dass heutzutage die Männer mehr an der Familien- und Hausarbeit beteiligt werden als früher und die Frauen weniger Kinder gebären und dafür beruflich engagierter sind, sieht er weder positiv noch negativ. Für den erfahrenen Therapeuten Hellinger ist dies eine gesellschaftliche Entwicklung, die er anerkennt, wie sie ist.
Doch die Einstellung, mit der eine Frau auf Schwangerschaft verzichtet, hat für Hellinger großes Gewicht. Wenn sich eine Frau gegen Familie und Kinder entscheidet, »aber so, dass sie Familie und Kinder und Mann verachtet oder herabsetzt, dann nimmt dieses Nicht dem, was sie gewählt hat, etwas weg. Es wird dadurch weniger. Umgekehrt, wenn sie das Nicht, das sie um ihrer Karriere willen lässt, dennoch als etwas Großes achtet, fügt dieses Nicht dem, was sie erwählt hat, etwas hinzu. Es wird dadurch größer und mehr.« (OL: 51)
Meines Erachtens wird durch solch differenzierte Überlegungen deutlich, dass man Hellinger unrecht tut, wenn man ihm Frauenfeindlichkeit unterstellt.

Kommen wir nun zu jenem Halbsatz, mit dem Frauen wesentlich weniger Probleme haben: Der Mann dient dem Weiblichen. Für Hellinger ist das keine Theorie, sondern seine Wahrnehmung. Die Frau ist das Zentrum der Familie. Sie hütet das Leben und gibt es weiter. Was der Mann in der Öffentlichkeit macht, steht in der Regel im Dienst der Familie. Er vertritt die Familie nach außen und sorgt für den Schutz und die Grundlagen der Familie. Deswegen hat er in äußeren Dingen einen gewissen Vorrang, während die Frau in der Familie Vorrang hat.

Hellinger verweist darauf, dass Frauen im Allgemeinen mehr Kompetenz in familiären Fragen eingeräumt wird. Bei Scheidungen werden die Kinder fast automatisch der Frau zugesprochen, obwohl sie zuweilen an der Seite des Vaters genauso gut oder besser aufgehoben wären. Bei unehelichen Kindern wird der Mann ohnehin kaum berücksichtigt. Er hat wenig Rechte, dafür aber umso mehr Pflichten. In diesen familiären Fragen, so Hellinger etwas provokativ, »herrscht also das Matriarchat« (AWI: 173). Die in letzter Zeit zu beobachtende Tendenz, dass die Kindererziehung immer mehr eine gemeinsame Sache wird, begrüßt er.

In der Praxis der Familienaufstellung lässt sich leicht feststellen, ob es für das Wohl aller am besten ist, wenn der Mann an erster Stelle steht oder die Frau. Fühlen sich alle am wohlsten, wenn die Frau links vom Mann steht, ist das gleichbedeutend mit einer Vorrangposition des Mannes. Steht der Mann links von der Frau, nimmt die Frau die erste Stelle ein. In 70 Prozent der Fälle geht es meiner Erfahrung nach den Stellvertretern in einer Familienaufstellung am besten, wenn der Mann rechts steht, und in 30 Prozent der Fälle, wenn die Frau rechts steht.

Wenn Hellinger wirklich ein Anhänger des Patriarchats wäre,

würde er sagen: »Männer müssen an die erste Stelle, weil sie Männer sind.« Doch das liegt ihm völlig fern. Stattdessen fragt er, bei welcher Paarkonstellation fühlen sich *alle* in der Familie am wohlsten? In 70 Prozent der Fälle ist das nun einmal der Fall, wenn der Mann vor der Frau rangiert. Ob uns das gefällt oder nicht, ist eine völlig andere Frage. In den 30 Prozent der Fälle, in denen die Frau an die erste Stelle muss, findet man häufig eine oder mehrere ausgeklammerte Personen aus dem Herkunftssystem der Frau, die wieder ins Blickfeld gerückt werden müssen.

Wenn hier von Rangfolge die Rede ist, muss noch einmal daran erinnert werden, dass Mann und Frau, die ja nicht in einem Eltern-Kind-Verhältnis zueinander stehen, prinzipiell ebenbürtig sind. Die Rangfolge bezieht sich auf die *Funktion,* die Mann und Frau für die Familie ausüben. Derjenige, der die Sicherheit für die Familie Gewähr leistet, hat in der Regel den ersten Rang. Das ist meist der Mann.

Achtet die Frau den Mann weniger als der Mann die Frau?

Wie wir schon anhand der Kinderfrage bei Scheidungen gesehen haben, ist Hellinger der Ansicht, dass Frauen den Männern gegenüber oft weniger Achtung entgegenbringen als umgekehrt. Und schon wieder erhebt sich die Frage: Diskriminiert Hellinger Frauen?

Die Familiensoziologin Marianne Krüll schrieb über Hellinger in »Psychologie heute«: »Was Bert Hellinger über die Beziehung zwischen Frau und Mann äußert, ist für mich unreflektiertes patriarchales Denken aus dem 19. Jahrhundert.« Es spricht für die Fairness von Krüll, wenn sie gleichzeitig zugesteht: »Wie er mit Schwerkranken arbeitet, finde ich äußerst beeindruckend. Man sieht, wie diese Menschen an einen Kernpunkt ihrer Lebensproblematik geführt werden. Und ich bin sicher – von einigen weiß ich es auch –, dass sie durch die ja manchmal nur ganz kurze Arbeit mit Bert Hellinger einen wesentlichen positiven Impuls mitnehmen.«[19]

Auch mich hat die Feststellung Hellingers, als ich sie zum ersten Mal hörte, ziemlich skeptisch gemacht. Doch in all den Aufstellungen, die ich bislang durchgeführt oder als Stellvertreter und Beobachter miterlebt habe, hat sich tatsächlich eine leichte (!) Tendenz gezeigt. Man könnte dies natürlich damit erklären, dass die Stellvertreter das Weltbild des Therapeuten unbewusst aufnehmen und darstellen. Mit solchen

[19] »Unreflektiertes patriarchales Denken – ein Gespräch mit Familiensoziologin Marianne Krüll«, in Psychologie heute 6/95, S. 27

Argumenten würde man jedoch die Familienaufstellung als Methode völlig in Frage stellen. Die praktische Erfahrung zeigt, dass das Ergebnis von Aufstellungen nicht nur wahr,[20] sondern auch für alle Beteiligten oft höchst unerwartet ist – selbst für den Therapeuten. Eine Regel kann man aus der beobachtenden Tendenz im Verhalten der Frauen ohnehin nicht ableiten, und Hellinger will sich so auch gar nicht verstanden wissen. Ihm geht es darum, dass Frauen und Männer sich gegenseitig achten.

Hellinger erklärt sich die tendenziell geringere Achtung der Frauen gegenüber den Männern damit, dass Frauen durch ihre Erfahrungen mit Schwangerschaft und Geburt ihre besondere Bedeutung spüren. In biologischer Hinsicht haben sie die wichtigere Rolle erhalten. Der Mann macht all diese tiefen Erfahrungen nicht und muss sich seiner Männlichkeit auf andere Weise versichern. Männer müssen aktiv etwas tun, meist in der Gesellschaft mit anderen Männern, um ihr Mann-Sein zu spüren.

[20] Siehe in der Einführung das Unterkapitel: »Beeinflusst der Therapeut, was bei einer Aufstellung dargestellt wird?«

Ebenbürtigkeit

Im Gegensatz zum Eltern-Kind-Verhältnis stehen die Partner auf einer Stufe. Wenn jedoch einer der Partner in die Rolle des Kindes schlüpft und von dem anderen ein Elternverhalten erwartet, wird die Paarbeziehung gestört.
Sagt beispielsweise die Frau zu ihrem Mann: »Ohne dich kann ich nicht leben!« oder »Ich bringe mich um, wenn du mich verlässt!«, dann ist das ein Verhalten, das gegen die Ebenbürtigkeit der Partner verstößt, und der Mann muss die Frau verlassen. Der Anspruch, vom anderen permanent umsorgt zu werden, ist der Anspruch eines Kindes.
Zur Ebenbürtigkeit zählt auch die Frage, ob man den anderen so sein lassen kann, wie er ist. Wenn ich jemand kennen lerne und mit dem Vorsatz in die Partnerschaft oder Ehe gehe, »im Augenblick bin ich noch nicht mit ihr zufrieden, aber sie wird sich unter meiner Mithilfe noch dahin entwickeln, wo sie hin soll«, dann bin ich schon in die Elternrolle geschlüpft. Eine langfristige stabile Paarbeziehung wird so nicht zustande kommen können.
Auch das Muster von Geben und Nehmen muss in der Beziehung stimmen. Wenn der eine immer nur gibt und der andere immer nur nimmt, entspricht das der Kind-Eltern-Beziehung und nicht der eines Paares. In der Paarbeziehung ist es auch sinnvoll, darauf zu achten, dass man nicht mehr gibt, als der andere zurückgeben kann oder will. Zur Liebe zwischen Mann und Frau gehört nämlich, dass sie in gleicher Intensität beantwortet wird. Liebe soll also auf Gegenliebe stoßen, sonst zerbröckelt das Fundament der Partnerschaft. So gesehen,

stimmt das Gegenteil von dem, was Peter Lauster in seinem bekannten Ratgeber »Die Liebe« schreibt:
»Das Ausbleiben der Gegenliebe der anderen kann mich nicht frustrieren, wenn ich Gegenliebe nicht erwarte, wenn ich nichts erhoffe. Das Ego ist zur Ruhe gekommen, alles Streben nach Ich-Stärkung hat ein Ende. In diesem Moment bin ich erleuchtet und frei, die Lebensenergie kann strömen (...). In diesem Moment herrscht höchste Zufriedenheit und Weisheit.«[21]
Ob man mit dieser Einstellung »erleuchtet und frei« werden kann, erscheint mir zweifelhaft. Eine Bindung zwischen Mann und Frau wird jedoch sicherlich nicht zustande kommen. Was das Geben und Nehmen betrifft, sei noch einmal an das Beispiel erinnert, in dem die Frau dem Mann die Ausbildung finanzierte. Wenn der Mann das Erhaltene nicht auf Heller und Pfennig zurückzahlt, ist das Scheitern der Beziehung wahrscheinlich.
Zum Ausgleichsprinzip in der Partnerschaft und Ehe gehört auch der Ausgleich im Bösen. Wenn einer dem anderen etwas angetan hat, dann muss der Letztere dem Ersteren etwas abverlangen, das ihn ähnlich schmerzt, wenn auch nicht genauso viel (siehe Kapitel II »Schuld und Unschuld«).

[21] Peter Lauster: »Die Liebe«, Reinbek 1983, S. 186

Sexualität

Bert Hellinger nennt den sexuellen Akt den »größtmöglichen menschlichen Vollzug«. »Kein anderes menschliches Tun ist mehr im Einklang mit der Ordnung und Fülle des Lebens und nimmt uns umfassender für das Ganze der Welt in die Pflicht.« (MFL: 152) Kein anderes menschliches Tun hat so viel Leid und Freude im Gefolge und ist so risiko- und folgenreich. Durch nichts, so Hellinger, werden wir »so wissend und weise und menschlich und groß«, als wenn Mann und Frau sich »liebend umarmen und erkennen«.

Hellinger wertet die Sexualität nicht ab, wie das manche Kritiker wohl vermuten, die ihn als konservativ bezeichnen, sondern er räumt ihr den größtmöglichen Stellenwert im Menschsein ein. Sexualität geschieht auch im Angesicht des Todes, denn nur weil es den Tod gibt, existiert auch Sexualität. In früheren Zeiten war die Sexualität dem Tod näher, doch auch heute noch können Schwangerschaft und Geburt eine Frau das Leben kosten. Zudem macht uns die Geburt von Kindern deutlich, dass wir einmal durch unseren Tod Platz machen werden.

Durch den »Vollzug der Liebe«, wie Hellinger es nennt, entsteht zwischen Mann und Frau eine Bindung, die an Intensität sogar die Eltern-Kind-Bindung übertrifft. Sexualität rangiert für Hellinger noch vor der Liebe, denn Schwangerschaften treten unabhängig davon ein, ob die Sexualität mit Liebe oder nur aus Lust zustande kam. So ist eine Frau, die durch eine zufällige sexuelle Begegnung schwanger geworden ist, tief mit dem Mann verbunden (natürlich auch der

Mann mit ihr). Auch wenn die Frau abtreibt (siehe Unterkapitel »Abtreibung«) und den Mann völlig aus den Augen verliert, zeigt die Familienaufstellung doch sehr deutlich, wie tief die Bindung an den Mann ist.

Nicht bei jeder sexuellen Begegnung entsteht eine Bindung für das ganze Leben. Beim Familienaufstellen allerdings kann man sofort erkennen, ob der betreffende ehemalige Partner zum Gegenwartssystem gehört oder nicht. Wenn eine Frau einmal schwanger von ihm gewesen ist, besteht allerdings immer eine Bindung, auch wenn das Bewusstsein das nicht wahrhaben möchte.

Ausführliche Hinweise und auch Übungen für eine erfüllte Sexualität finden sich in meinem Buch *Wie aus Leiden wieder Liebe wird – Mann und Frau aus Sicht des Familienstellens.*

Die Bedeutung der früheren Partner

Die Bindung zwischen Mann und Frau ist so tief, dass sie sich nicht einfach auflöst, wenn sich die beiden trennen und später eine neue Partnerschaft eingehen. In der zweiten Partnerschaft ist die Bindung nicht so tief wie in der ersten, obwohl die Liebe und das Glück durchaus größer sein können. Woran aber erkennt man die Tiefe einer ersten Bindung? Man kann sie im Nachhinein wahrnehmen. Kommt es zur Trennung, wird die Schuld und der Schmerz intensiver erlebt als bei einer späteren Trennung und bei einer zweiten intensiver als bei einer dritten.

Ist Hellinger also doch ein Moralist? Werden wir für das Scheitern einer ersten Ehe oder Partnerschaft »bestraft«? Hellinger geht immer von dem aus, was er wahrnimmt. Spätere Partnerschaften und Ehen können zwar durchaus glücklicher sein, doch der Trennungsschmerz hat nicht dasselbe Ausmaß. Das ist für ihn Tatsache.

Es ist eine Binsenweisheit, dass ein geschiedener oder getrennter Partner sich erst dann wieder Erfolg versprechend mit einer anderen Frau oder einem anderen Mann verbinden kann, wenn die erste Beziehung innerlich »verarbeitet« wurde. Wohl niemand würde dem widersprechen.

Viele meinen nun, dass der Faktor Zeit dieses »Verarbeiten« schon von selbst erledigt. Dem widerspricht aber die Erfahrung. Hellinger präzisiert, was bei Trennungen ansteht: Die Bindung an den ersten Partner muss voll geachtet werden, und die neuen Partner müssen wissen, dass sie den alten Partnern »nachgeordnet« sind und bei ihnen in einer Art von

Schuld stehen. Sie verdanken nämlich ihren jetzigen Partner dem Scheitern der früheren Beziehung und haben ihn somit auf Kosten des früheren Partners.

Eine Frau, die beispielsweise einen zweiten Mann nimmt, muss den früheren Partner würdigen. Sie muss voll und ganz nehmen, was der erste ihr geschenkt hat. Das Gute der ersten Bindung kann sie dann in die zweite Partnerschaft mitnehmen. Es muss auch jeder der beiden zu seinem Teil der Schuld stehen. Doch auch der zweite Mann der Frau kann etwas tun. Er kann innerlich zu dem ersten Mann sagen: »Ich habe die Frau auf deine Kosten und achte das. Du bist der Erste und ich bin der Zweite. Jetzt nehme ich sie als meine Frau.« Falls in der zweiten Ehe Kinder kommen, kann man den früheren Partner innerlich bitten, wohlwollend auf die Kinder zu schauen.

In der Regel geschieht all das nicht, da diese Zusammenhänge nicht bekannt sind. Die Folgen tragen auch die Kinder, denn sie vertreten in einem solchen Fall den nicht gewürdigten früheren Partner. Unbewusst übernehmen sie dessen Gefühle und können recht aufsässig werden, wenn der frühere Partner zum Beispiel noch Groll in sich trägt.

Oft wird ein früherer Mann von einem Sohn aus der zweiten Verbindung vertreten. Falls jedoch nur Mädchen geboren worden sind, wird es ein Mädchen tun. Dieses Mädchen wird deshalb große Schwierigkeiten haben, ganz Frau zu werden. Umgekehrt gilt: Eine frühere Partnerin wird oft von einem Mädchen vertreten, doch wenn nur Jungen vorhanden sind, wird es ein Junge übernehmen und entsprechende Probleme mit seiner Geschlechtsrolle haben. Homosexualität kann zuweilen diesen Hintergrund haben. Dazu ein Beispiel: Eine Frau war verheiratet und hatte zwei Söhne. Der Mann war vor der Ehe fast zwei Jahrzehnte mit einer anderen Frau zusammen und verließ sie. In einer Aufstellung mit Hilfsmitteln zeigte sich, dass der jüngste Sohn mit der ersten Frau des Vaters verbunden war. Ich fragte die Mutter, ob sie schon einmal befürchtet habe, dass der Junge homosexuell werden könnte. Tatsächlich hatte sie diese Angst immer wieder gehabt.

Eine gegengeschlechtliche Identifizierung ist schwer auszuhalten. Wie sich weiter herausstellte, war das Kind schon seit längerer Zeit wegen Verhaltensstörungen in kinderpsychiatrischer Behandlung. In der Aufstellung würdigte die Mutter die erste Frau, auf deren Kosten sie den Mann bekommen hatte. Zu ihrem jüngsten Sohn sagte sie: »Mit der früheren Freundin deines Vaters hast du nichts zu tun, ich bin deine Mutter!« Ich hielt die Frau an, diesen Satz dem Kind *innerlich* immer wieder zu sagen. Nach einigen Wochen berichtete sie, dass es dem Kind immer besser gehe und die Verhaltensstörungen wie Krusten von ihm abfielen.

In einem anderen Fall hatte eine Klientin mehrere Töchter, wovon eine an Neurodermitis litt. In der Familienaufstellung war dieses Kind weder auf Vater noch Mutter, sondern ganz auf einen früheren Partner der Klientin ausgerichtet. Das Kind war solidarisch mit ihm, denn die Frau hatte vor vielen Jahren gegen den Willen des Mannes eine Abtreibung vorgenommen und ihn leichtfertig verlassen. Den Schmerz dieses Mannes hatte jetzt das Kind. Die Frau hatte bis zur Aufstellung gar nicht bemerkt, dass sie an dem Mann schuldig geworden war. Ich riet ihr, sich bei ihm zu melden und ihm zu sagen, dass sie ihm unrecht getan habe und dass es ihr Leid tue. Der Mann wohnte im fernen Ausland, und es gelang ihr nicht, seine Adresse herauszufinden. Innerlich aber setzte sie sich mit diesen schon lange zurückliegenden Ereignissen auseinander. Ein Jahr später berichtete die Mutter, dass die Neurodermitis des Kindes ausgeheilt sei.

Als Erwachsene könnte man das Mädchen in der Aufstellung zu ihrem Vater den Satz sagen lassen: »Mit dem Mann (auf den früheren Partner der Mutter zeigend) habe ich nichts zu tun, du bist mein Vater.« Dieser Satz bewirkt auch, dass der Vater wieder ein natürliches Verhältnis zur Tochter bekommen kann. Vertritt ein Sohn einen früheren Partner der Mutter, sieht der Vater in dem Sohn unbewusst einen Rivalen. Ohne diesen Satz bzw. die lösende Haltung wird es kaum zu einer entspannten Vater-Sohn-Beziehung kommen können. Zur Mutter käme in diesem Fall der Sohn in die Rolle eines Partners, was ihm ebenfalls nicht gut täte. In dem Beispiel des Mädchens würde ein zweiter Satz, an die Mutter gerichtet, lauten: »Mit ihm (auf den Mann zeigend) habe ich nichts zu tun, mein Vater steht dort (zum Vater schauend).« In der damaligen Aufstellung habe ich die Mutter zum Kind sagen lassen: »Ab jetzt mache ich es. Du hast damit nichts zu tun.« Frühere Partnerschaften der Eltern gehen ein Kind nämlich nichts an. Trotzdem übernehmen die Kinder aus Liebe solche unerledigten Aufgaben ihrer Eltern, auch wenn ihnen das selbstverständlich nicht bewusst ist.
Kinder, die ihr Leben auf Kosten von vielen Partnern der Eltern erhalten, haben es nach Hellinger um einiges schwerer als die meisten von uns: »In solch einer Situation sucht das Kind, um sie alle zu würdigen, den Ausgleich von Gewinn und Verlust, indem es selber verliert.« Dieses »Verlieren« kann die unterschiedlichsten Formen annehmen: Scheitern im Berufsleben, in der Partnerschaft oder es kann auch eine Krankheit bedeuten.
Ich erinnere mich an eine Klientin, die ihr Leben dem Scheitern der früheren Ehen von Vater und Mutter verdankte. Aus beiden Ehen gab es zwei Kinder, sodass sie ihr Leben auf Kosten von sechs anderen Menschen hatte. Ihre Stellvertreterin

stand in der Aufstellung an einem einsamen Platz und wagte kaum den Kopf zu heben. Sie fühlte eine große Trauer und sagte: »Ich fühle mich zutiefst schuldig. Eigentlich sollte es mich gar nicht geben.« Ich stellte die Klientin an den Platz ihrer Stellvertreterin und ließ sie zu den Früheren einzeln sagen: »Ich bin die zuletzt Geborene, und ich würdige, dass du vor mir da warst.« Daraufhin waren alle sechs früheren Familienmitglieder der Reihe nach bereit, ihr zu versichern: »Auch du darfst einen guten Platz haben.« Die Klientin war davon tief betroffen und mochte es kaum glauben. Die Tatsache, dass ihre Eltern ihre jeweiligen Familien verlassen und die Klientin als Wunschkind geplant hatten, veränderte an den hier dargestellten Zusammenhängen nicht das Geringste.
Anders liegt der Fall, wenn jemand das letzte Kind einer langen Geschwisterreihe ist und alle von *denselben* Eltern stammen; das hat eine ganz andere Qualität.

Was Hellinger in Bezug auf frühere Partner der Eltern und die Kinder aus späteren Verbindungen festgestellt hat, war auch in früheren Zeiten bekannt – zumindest in der Wirkung auf die Kinder. Die christliche Mystikerin Hildegard von Bingen war der Ansicht, dass Kinder aus späteren Verbindungen es schwer haben. In ihrer urtümlichen und bildreichen Sprache formulierte sie es so:

»Wenn ein Mann und eine Frau ihre rechtmäßige Verbindung vergessen und sich in brennender Leidenschaft einer anderen Verbindung zuwenden, sodass sie in einer nicht rechtmäßigen Verbindung mit einem anderen Partner verkehren, dann vermischt der Mann sein Blut, das das Blut seiner rechtmäßigen Ehefrau ist, mit einem anderen Weib, und auch auf ähnliche Weise das Weib sein Blut, das das Blut seines rechtmäßigen Ehemannes ist, mit einem fremden Mann. Daher werden die Kinder, die von solchen rechtmäßigen sowie unrechtmäßigen Gatten oder von rechtmäßigen sowie unrechtmäßigen Gattinnen stammen, *sehr oft unglücklich sein,* weil sie väterlicherseits und mütterlicherseits einer Empfängnis entsprungen sind, wobei die Gesittung und das Blut verschieden waren. Daher heißen solche Eltern vor Gott Übertreter der rechten Ordnung.«[22]

Wie Hellinger spricht auch Hildegard von einer Ordnung, die verletzt worden ist. Doch bei Hildegard wird die Ordnung religiös begründet, während Hellinger sich nicht um Religion kümmert, sondern nach dem richtet, was die Familienaufstellungen zeigen. Hier erkennt man, dass die Seele der Kinder mit den früheren Partnern der Eltern solidarisch ist.

Das sich vermischende »Blut«, von dem Hildegard spricht, würde man aus heutiger Sicht mit »Seele« in Verbindung bringen. Genau davon ist bei Hellinger die Rede! Die Seele dessen, der sein Leben auf Kosten vieler anderer hat, tut sich angesichts der vor ihm Rangierenden schwer, das Leben unbeschwert zu nehmen. Im Gegensatz zu Hildegard bietet Hellinger eine irdische Lösung an. Der Klient kann im Angesicht all der anderen den Satz sagen: »Ich habe das Leben auf Kosten von euch allen. Ich achte das. Es soll nicht umsonst gewesen sein.« Leicht ist es allerdings nicht.

[22] Thomas Schäfer: »Leben, Werk und Musik der Hildegard von Bingen«, mit der CD »A feather of the breath of God«, München 1996, S. 209, sowie Hildegard von Bingen: »Heilwissen«, herausgegeben von Manfred Pawlak, Freiburg 1994, S. 98

Die Kunst, sich richtig zu trennen

Wie schon erwähnt, ist es bei einer Trennung erstrebenswert, dass sich beide beim Abschied versichern, das gemeinsam erlebte Gute und Schöne mit in die Zukunft zu nehmen. Wenn man mit seinem Partner vor einem Scherbenhaufen steht, sieht man verständlicherweise nicht in erster Linie das Schöne, sondern die zermürbende Zeit, die zur Trennung geführt hat. Oft fragt man sich: »Hat es da überhaupt etwas Gutes gegeben? Wie konnte ich so blind sein?« Es ist heilsam, sich gerade beim Abschied an die Anfangszeit zu erinnern, in der meist die schönsten Erlebnisse zu finden sind.

Es gibt viele Paare, die das beim Abschied nicht tun. Wer jedoch im Hass auseinander geht, wird nicht offen sein können für eine neue Partnerschaft. Wenn sich die beiden aber versichern, dass sie das Schöne als Geschenk mit in die Zukunft nehmen, wird es noch einmal sehr wehtun. Gerade deswegen wird dies so wenig gesagt. Dieser Schmerz ist notwendig, und wer durch ihn geht, ist wieder reif für eine neue Bindung. Desgleichen ist es auch wichtig, dass beim Abschied jeder zu seinem Teil der Schuld steht.

Wird nach einer Trennung nach Schuldigen gesucht, dient dies meist nur zur Abwehr des Schmerzes. Besonders wenn eine Ehe mit kleinen Kindern scheitert, wird dies mit einem tiefen Schmerz verbunden. Auch die Kinder sind natürlich von der Trennung betroffen. In einer Untersuchung über Scheidungsfolgen für Kinder kam heraus, dass der erste Impuls der Kinder war: »Ich muss etwas falsch gemacht haben, und deswegen lassen sich meine Eltern scheiden.«

Kinder wollen lieber selbst schuld sein, als dass sie den Eltern die Schuld geben. Für Kinder ist es deswegen entlastend, wenn die Eltern ihnen sagen: »Wir als Paar haben uns entschieden, dass wir uns trennen. Doch wir bleiben eure Eltern, und ihr bleibt unsere Kinder.« (OL: 47 f.) Wenn das Paar sich dem Schmerz stellt, so Hellinger, kann es friedlich auseinander gehen und die Sorgerechtsfrage sowie alle anderen Regelungen in guter Weise lösen.
Hass aber stellt nur die andere Seite von Liebe und Schmerz dar und entsteht, wenn jemand in seiner Liebe verletzt worden ist. Wer den Hass kultiviert, verbaut sich den Zugang zur Liebe. Die Lösung hieße: »Ich habe dich sehr geliebt. Es tut jetzt sehr weh.« Nach einem solchen Satz verschwindet der Hass, und die Versöhnung wird möglich. Nach dem Hass jedoch ist kein Platz mehr für Versöhnung, denn durch ihn verliert man genau das, was man eigentlich erreichen möchte.
Hier stellt sich natürlich die Frage, wann eine Trennung die beste Lösung ist und unter welchen Umständen ein neuer Beginn mit dem alten Partner gewagt werden kann. Wenn zu Bert Hellinger ein Paar kommt und berichtet, sie könnten nicht mehr zusammenleben, schaut er, wie viel Engagement bei ihnen noch vorhanden ist. Wenn es ihnen beim Gedanken an die Trennung sehr wehtut, ist noch Bereitschaft da und eine Versöhnung möglich. Schmerzt es nicht mehr, herrscht Gleichgültigkeit. Dies ist der größte Feind der Liebe.

Wut auf den Partner

Wut auf den Partner kann viele Gründe haben, wie zum Beispiel ein Schmerz, den man nicht zulassen will. Die Wut, die den Partner trifft, hat aber seine Wurzeln oft in der eigenen Geschichte und trifft damit den Falschen. Ein Beispiel: Eine Frau war in ihrer Kleinkindzeit lange in einer Klinik isoliert gewesen. Das Kind wird in einer solchen Situation auf die abwesende Mutter böse, und die schon früher beschriebene »unterbrochene Hinbewegung« entsteht. Diese wird ins Erwachsenenleben mitgenommen. Die frühe Wut auf die Mutter bekommt dann der Ehemann ab, obwohl er völlig unschuldig ist. Die Lösung besteht darin, dass die unterbrochene Hinbewegung zur Mutter ans Ziel gebracht wird.

Dagegen würde es nicht helfen, wenn die Frau in einer Psychotherapie die Wut auf ihren Mann herausschreit, denn er ist ja gar nicht das Problem. Die Sache würde sogar nur verschlimmert. Wut zu kultivieren ist im Übrigen billig, denn dadurch braucht man nicht den Schmerz zu fühlen, der dahinter steht. Sagt man stattdessen: »Das tut sehr weh«, kommt man auf eine andere Ebene.

Wut kann aber auch in anderer Hinsicht ein Ersatz sein. Habe ich zum Beispiel jemandem etwas angetan, kann die Wut dazu dienen, von der eigenen Schuld abzulenken. Hat man versäumt, vom Partner etwas nehmen oder fordern zu müssen, wird mancher auf den Partner böse, anstatt sich an die eigene Nase zu fassen. Die Wut wird Ersatz für das richtige Handeln.

Natürlich gibt es auch eine gute Wut. Greift mich jemand zu Unrecht an, hilft mir die Wut, mich zu verteidigen oder durchzusetzen. Diese Wut dient dem Handeln und erlischt danach wieder.

Was bedeuten Kinder und Kinderlosigkeit für die Paarbeziehung?

Für Hellinger steht außer Frage, dass Mann und Frau auf ein Drittes ausgerichtet sind: auf Kinder. Ihr Männliches und Weibliches »vollendet sich erst im Kind«. Mann-Sein und Frau-Sein sind für ihn mit Vaterschaft und Mutterschaft verbunden. Die Paarbeziehung bleibt aber der Elternschaft vorgeordnet, denn sie war vorher da. Nur wenn die Eltern diese Reihenfolge einhalten, geht es allen Beteiligten gut. Steht das Kind, wie heute in vielen Familien üblich, im Zentrum der Familie, fühlen sich alle verunsichert, besonders das Kind. Auf diese Weise entstehen die »kleinen Tyrannen«, wie Irina Prekop, die Begründerin der Festhalte-Therapie, es beschrieben hat.

Noch eine andere Voraussetzung ist für das Gedeihen der Kinder nötig: Was den Eltern in ihrer Beziehung »an Achtung und Liebe gegenüber dem Partner gelingt, das gelingt ihnen auch gegenüber dem Kind«. Was ihnen dem Partner gegenüber misslingt, muss ihnen auch beim Kind misslingen. Was die Partner aneinander stört, das wird sie auch am Kind stören. (MFL: 150 f.)

Dass die Beziehung von Mann und Frau auf die Kinder ausgerichtet ist, klingt für viele Ohren wahrscheinlich hausbacken und konservativ. Dennoch richtet sich der Verlauf einer Paarbeziehung entscheidend danach, wie mit diesem Thema umgegangen wird.

Ein Mann, Anfang 40, klagte mir gegenüber, dass die Beziehung zu seiner gleichaltrigen Freundin, mit der er schon über

20 Jahre zusammenlebte, nicht mehr stimme. Sie waren sich gleichgültig geworden und lebten nur noch aus Gewohnheit zusammen. Dieses Paar hatte einige Dinge versäumt, als noch Zeit dazu war. Einen Trauring fürchten manche Menschen wie der Teufel das Weihwasser, doch ist er Ausdruck dafür, dass sich die Partner ihrer Zusammengehörigkeit bewusst sind und nach außen hin zu ihrer Verbindung stehen. Eine Ehe ist eine Initiation, durch sie wird eine Paarbeziehung verbindlich.

Partnerschaften sind nichts Statisches, und in bestimmten Rhythmen gelangt das Paar an Wendepunkte. Oft spürt das Paar, dass der Zeitpunkt für die Eheschließung oder Kinder gekommen ist, doch es weicht dem aus. Geht man an einer solchen wichtigen Station achtlos vorbei, kann dadurch der Tod der Beziehung besiegelt werden. Der verweigerten Eheschließung liegt meist eine mangelnde Abnabelung vom Elternhaus zugrunde. Er oder sie will den Kindstatus einfach noch nicht verlassen. Wer die Verbindlichkeit einer Ehe von vornherein ausschließt, sagt letztlich nicht Ja zur Paarbeziehung, denn er relativiert sie dadurch. Die Paarbeziehung erreicht nicht mehr den großen Stellenwert, der ihr in der menschlichen Entwicklung und Reifung zukommt.[23]

Ein anderer »Scheidepunkt«, an dem dieses Paar achtlos vorüberging, ist die Kinderfrage. »Eigentlich«, so sagte der Mann, »hätte ich mir Kinder durchaus vorstellen können. Doch in all der Zeit haben wir nie darüber geredet.« Jetzt war es zu spät. Das bewusste Ringen für oder gegen ein Kind war ihnen entgangen, und somit stagnierte ihre Beziehung. Die beiden hatten nicht verstanden, dass Liebe kein Zustand ist,

[23] Solche und andere Fragen hat Hans Jellouschek sehr differenziert dargestellt: »Die Kunst, als Paar zu leben«, Stuttgart 1992

sondern auf Wachstum angelegt ist. Werden das Wachstum und die damit verbundenen Schritte verweigert, gerät das Fundament der Partnerschaft ins Wanken.

Was aber ist angeraten, wenn medizinische Gründe bei Mann oder Frau eine Schwangerschaft verhindern und der Partner Kinder haben will? In einem solchen Fall, so Hellinger, hat der andere das Recht zu gehen. Bleibt er dennoch, muss der Partner den Verzicht auf Kinder würdigen. Kann beispielsweise ein Mann, wie Hellinger es nennt, »die Liebe nicht vollziehen«, darf die Frau ihn verlassen und sich einen anderen Mann suchen. Das alles mag hart erscheinen, doch ist diese Denkweise nur folgerichtig, wenn die Beziehung von Mann und Frau auf Kinder ausgerichtet sein soll. »Hart« und folgerichtig ist auch der Rat, den Hellinger einer Frau gab, bei der nicht medizinische Gründe Schwangerschaft verhinderten, sondern die Abneigung gegen ein eigenes Kind:

»Wenn dein Mann ein Kind will, du aber nicht, heißt das, dass die Beziehung zu Ende geht. Du musst das als die Konsequenz deines Entschlusses in Betracht ziehen, sonst täuschst du dich. Wenn dein Mann sich dennoch entscheiden würde, bei dir zu bleiben, musst du es eigens würdigen.« (OL: 52)

Früher war Mutterschaft die selbstverständlichste Sache der Welt. Frauen fanden ihre Erfüllung darin, viele Kinder zu haben, und sie waren als »Hausfrau« und »Nur-Mutter« geachtet. Heute verzichten viele Frauen zu Gunsten der Karriere auf die Mutterschaft und merken nicht einmal, dass ihnen damit ein entscheidendes Erlebnis in der weiblichen Entwicklung fehlt. Wenn eine Frau zu dem Schluss kommt, dass für sie eine erfüllte Mutterschaft nicht möglich ist, rät Hellinger ihr, um diesen Verlust zu trauern, »denn es macht ihr anderes Tun reich. Wenn sie mit diesem Wissen einen Beruf ausübt, ist sie in ihm anders erfüllt, als wenn sie verächtlich sagt: ›Ach, was sollen Kinder, Kirche, Küche.‹ Oder wenn sie als Fortschritt ansieht, was doch zugleich Verlust ist.« (AWI: 186)

Solche Sätze haben Hellinger in den Ruf des Konservativen gebracht. Doch es wäre nicht gerecht, ihm zu unterstellen, er wolle zurück in die »gute alte Zeit«. Seine Einstellung wird vom Schauen auf die Wirklichkeit bestimmt, die wir nicht ändern müssen oder können. Er ermuntert zum Blick auf das Verlorene, dem wir »im Herzen einen Platz geben« können. Indem wir uns daran erinnern und uns dem stellen, was möglich ist, kann Tiefe in unser Tun kommen. (AWI: 187)

Mein eigener Großvater hatte noch elf Geschwister gehabt. Das war damals in seinem Dorf kein Einzelfall. In der heutigen Gesellschaft mit ihren weitreichenden Anforderungen lässt sich das kaum noch verwirklichen. Die Fülle, die damit verloren gegangen ist, möchte uns Hellinger vor Augen führen.

Künstliche Befruchtung und Sterilisation

Unsere Zeit ist dem Wahn der absoluten Machbarkeit verfallen. Heute werden Dinge für selbstverständlich gehalten, die – zumindest für mich – in keiner Weise mehr nachvollziehbar sind.

Ein lesbisches Paar überlegte sich, ob die Jüngere von beiden sich per Samenbank anonym schwängern lassen sollte. Sie sind nämlich der Ansicht, sie sollten »eine richtige Familie« werden! Kommt es tatsächlich zur Schwangerschaft, wird das schlimme Folgen für Mutter und Kind haben. Man braucht sich nur vorzustellen, dass das Kind ein Junge wird. Wie wird es ihm gehen, wenn es keinen Vater hat?

Ob man das noch als Naivität bezeichnen kann, sei dahingestellt, auf jeden Fall ist es erschreckend, wie die medizinisch-technische Entwicklung dem Menschen immer häufiger Gelegenheit gibt, sich ins Unglück zu stürzen.

Auch eine Ehefrau, die sich, weil ihr Mann unfruchtbar ist, auf die Befruchtung mit fremdem Samen einlässt, beendet damit ihre Ehe. Diese Dinge sind nicht auf die leichte Schulter zu nehmen. Eine künstliche Befruchtung mit dem Samen des Ehemannes dagegen gefährdet die Ehe nicht.

Heikel sind auch die Folgen von Sterilisationen. In einem öffentlichen Vortrag sagte Hellinger zu diesem Thema: »Wenn Mann und Frau sich vor dem Eingehen einer Beziehung sterilisieren lassen, kann keine Bindung zustande kommen. Solche Beziehungen bleiben unverbindlich, und wenn es zur Trennung kommt, ist kaum Schmerz da.«

In der anschließenden Diskussionsrunde konnten Fragen gestellt werden. Einer der Zuhörer war über das Gehörte »sehr beunruhigt«, denn er war sterilisiert und geschieden. Hellinger sagte ihm:
»Es ist so, dass Taten Folgen haben. Das ist nicht rückgängig zu machen. Wenn aber jemand zu den Folgen steht,[24] kommt aus dem eine besondere Kraft. Mit dieser Kraft kann er etwas machen, was er vorher nicht gemacht hätte. Die Kraft kann nur wirken im Angesicht des Verlustes. Das aber, mit dem man angetreten ist, das ist vorbei.«

[24] Das beinhaltet auch, dass der Mann den Schmerz über den Verlust zulässt und nicht so tut, als wäre nichts geschehen.

Abtreibung

Da Mann und Frau auf ein Kind hingeordnet sind, kann eine Abtreibung auf das Paar nicht ohne Wirkung bleiben. Wenn eine Abtreibung erfolgt ist, geht die Beziehung in der Regel zu Ende. Wer mit offenen Augen durchs Leben geht, wird das immer wieder bestätigt finden.

Ein Beispiel von vielen, die ich erlebt habe: Eine Ehefrau beklagt, dass ihr Mann und sie sich gleichgültig geworden sind. Er schläft in einem Zimmer im Untergeschoss, während sie sich unterm Dach gemütlich eingerichtet hat. Das Paar sieht sich nur selten. Jeder lebt sein eigenes Leben. Obwohl die Ehe auf dem Papier noch existiert, ist sie innerlich schon längst tot. Ich fragte, was denn geschehen ist. »Nichts«, antwortete die Frau. Ich stellte noch einige Fragen, doch das führte nicht weiter.

Schließlich erkundigte ich mich, seit wann die Situation so trostlos ist. Sie erwiderte: »Seit ungefähr sieben Jahren.« Ich hakte nach und fand, dass die Frau vor sieben Jahren eine Abtreibung gehabt hatte. Auf meine ursprüngliche Frage, was denn geschehen sei, war ihr das nicht eingefallen. In ihrem Bewusstsein spielte die Abtreibung keine Rolle. Für viele Männer und Frauen sind Abtreibungen Kavaliersdelikte oder »nachträgliche Schwangerschaftsverhütungen«. Familienaufstellungen zeigen jedoch anderes.

In dem Beispiel war die Frau damals gegen die Abtreibung gewesen, doch ihr Mann zwang sie dazu. Der Bauch einer Frau gehört aber ihr – niemand sonst. Deswegen trägt in diesem Fall nicht nur der Mann, sondern auch die Frau Schuld.

Für Hellinger beendet eine Abtreibung in der Regel die Beziehung. Durch eine Abtreibung wird der Partner ebenfalls abgetrieben, denn das Kind ist ja auch die Frucht des anderen. Abtreibung heißt somit: »Wir sind jetzt als Paar getrennt.« In der Folge bestrafen sich Frauen oft mit Krankheiten, auch wenn das Bewusstsein voll und ganz zur Abtreibung stehen mag.

Eine andere Klientin war suizidal und hatte schwere Depressionen. Verschiedene Psychotherapien hatten ihr nicht geholfen. Eine Analyse des Gegenwartssystems ergab, dass sie – mit jeweils verschiedenen Männern – fünf Abtreibungen hinter sich hatte. Im letzten Fall handelte es sich bei näherer Betrachtung nicht um eine Abtreibung, sondern um Mord. Im siebten Monat der Schwangerschaft war die Frau zu einem Arzt gegangen und hatte ihn gebeten, das Kind zu beseitigen, weil sie es nicht wollte. Der Arzt tat ihr den Gefallen und tarnte das Ganze als missratene Frühgeburt. Wegen mehrerer ähnlicher Fälle musste er später ins Gefängnis. Die Frau hatte sich nie die Frage gestellt, ob ein schuldhaftes Verhalten von ihrer Seite vorlag. Ihre Seele jedoch hatte die abgetriebenen Kinder, und besonders das spät getötete, nicht vergessen. In einer Papierscheibenaufstellung erlebte sie auf den Positionen der Kinder, wie schlecht es ihnen ging. »Ich habe sie immer gehasst! Ich habe den Gedanken an sie immer verdrängt«, sagte sie. Eine Therapie, die sich in einem solchen Fall nur symptomorientiert mit den Depressionen auseinander setzt, ist zum Scheitern verurteilt.

Doch glücklicherweise gibt es auch einen guten Umgang mit Abtreibungen. Eine meiner Klientinnen machte intuitiv das Richtige: In einer Einzelaufstellung ihres Gegenwartssystems war deutlich zu spüren, dass es dem abgetriebenen Kind in Bezug auf die Mutter gut ging. In Aufstellungen stehen abgetriebene Kinder häufig sehr wackelig auf ihrem Platz. Ich fragte die Frau, wie es damals für sie gewesen war. »Schlimm«, erwiderte sie. »Ich habe lange Zeit getrauert und mich intensiv mit dem Kind beschäftigt. Irgendwann habe ich mich dann verabschiedet.« Die Beziehung mit dem Mann allerdings war vorbei. Hätte er sich genauso verhalten wie die Frau, wäre ein Neuanfang möglich gewesen.

Diese Frau verhielt sich im Wesentlichen so, wie Hellinger es Frauen mit Abtreibungen rät. In einer Aufstellung lässt er die Frau beispielsweise sagen: »Mein liebes Kind! Ich gebe dir jetzt einen Platz in meinem Herzen« und »Es tut mir Leid. Ich achte dein Opfer« oder »Ich nehme es von dir als Geschenk.« Auf diese Weise fühlt sich das tote Kind geachtet. Sein Tod war nicht umsonst.

Bei einer Abtreibung in einer bestehenden Beziehung rät Hellinger dem Paar, es soll ›eine längere Zeit (ungefähr ein Jahr) dem Kind das Leben zeigen: Blumen, Vögel, die Geschwister, die Umgebung, in der es aufgewachsen wäre ... Wer dies mit Liebe macht, wird mit einem heilsamen Schmerz konfrontiert. Wenn die Zeit dann reif ist, verabschieden sich die Eltern vom Kind. Anschließend muss es vorbei sein dürfen. Das Kind ist nun versöhnt. Für das Paar ist damit zwar die erste Beziehung vorbei, doch mit demselben Partner kann nun eine zweite Partnerschaft beginnen. In einem von Hellingers Seminaren war einmal eine Frau, die schon mehrere Abtreibungen hinter sich hatte. Er sagte der Frau: »Mit einer Partnerschaft wird es nichts mehr. Das hast du verspielt.« Hellinger kommentierte sich anschließend selber: Was ich mit ihr gemacht habe, »das sind ja unmögliche Aussagen, im Grunde genommen. Wenn ich mich vorsichtig ausgedrückt hätte, könnte sie sich nicht orientieren. Jetzt muss sie sich damit auseinander setzen. Ich will darüber auch nicht mehr

wissen. Das ist jetzt überhaupt nicht wichtig. Indem ich ein Gegenüber war, habe ich sie geachtet. Das Gegenüber ist eine Form der Achtung. *Ich halte das, was ich sage, für richtig, aber ich glaube nicht daran.* Das ist ein ganz großer Unterschied. Ich würde dafür nicht sterben wollen, aber im Augenblick ist das meine Wahrnehmung.« (ZG: 205)
Ich denke, durch dieses Zitat wird der Hintergrund der so genannten »autoritären Art« und »Härte« Hellingers deutlich. Hellinger gehört nicht zu jenen Therapeuten, die Unverbindliches von sich geben, um dem Klienten nicht auf die Füße zu treten. Er mutet ihnen viel zu – alles andere wäre nach seinem Verständnis eine Missachtung des Ratsuchenden. Die Kritiker Hellingers mögen auch bedenken, dass es den Klienten jederzeit freisteht zu sagen: »Der Hellinger ist ein Spinner! Ich mache meinen Stiefel wie bisher.« Die Verantwortung liegt in jedem Falle beim Klienten, nicht beim Therapeuten. Selbst wenn wir annehmen, dass Hellingers Hinweise schaden, trägt der Klient die Verantwortung für das eigene Handeln. Alles andere ist Entmündigung des Gegenübers. Wenn mir jemand vorschlägt, ich solle, um meine Kopfschmerzen zu heilen, mit Anlauf gegen eine Betonwand rennen, stellt sich die Frage: Wer trägt denn dann die Verantwortung? Der Ratgeber oder ich, der ich leichtfertig dem Rat folgte?
Bei häufigen Abtreibungen kann man beobachten, dass Männer und Frauen, die an ihnen beteiligt waren, in Partnerschaften das Glück verlässt. Ein Beispiel: Ich erinnere mich an eine Aufstellung mit Hilfsmitteln, in der sich ein heilloses Durcheinander präsentierte. Es standen dort mehrere Männer, von denen die Frau schwanger gewesen war, mehrere abgetriebene Kinder und dazu noch ehemalige Partner, die sie nicht geschwängert hatten. Als die Frau das Auf-

stellen beendet hatte und das Bild in sich aufgenommen hatte, rief sie spontan aus: »Wenn ich mir das alles anschaue, verstehe ich, warum das bei mir nichts mehr wird.« Sie lebte schon viele Jahre ohne Partner.

Zum Schluss sei noch auf die gesellschaftlich-kulturellen Umstände der Abtreibung hingewiesen. In China beispielsweise, wo Abtreibung fast eine Überlebensstrategie ist, hat diese Maßnahme vermutlich eine andere Bedeutung (vgl. AWI: 127).

Treue und Untreue

Wer erwartet, Hellinger würde in moralisierender Weise der Treue das Wort reden, muss sogleich enttäuscht werden. In einem Seminar sagte er einmal:

»Was ist denn so schlimm, wenn jemand mal eine andere Beziehung hat? Was wird eigentlich verletzt dabei? Der Unschuldige verhält sich, als hätte er ein Recht, den anderen immer für sich zu behalten. Das ist eine Anmaßung. Statt dass er versucht, den anderen für sich zu gewinnen durch Liebe, verfolgt er ihn. Und dann soll der andere noch mal zurückkommen? Das kann er dann nicht mehr. Wenn sich der Unschuldige über die Maßen gerächt hat, kann der Schuldige nicht mehr zu ihm zurück. Also ich plädiere für das Menschlichere und für das Maß.« (OL: 219)

Aus Treue kann Schlimmes und aus Untreue kann Gutes entstehen. Es kommt immer auf die Umstände an. Jedenfalls hat das Verlangen nach unbedingter Treue häufig etwas damit zu tun, dass der Fordernde sich wie Vater oder Mutter verhält. Damit wird die Ebenbürtigkeit der Partner in Frage gestellt. Der andere sucht deswegen häufig eine Geliebte oder einen Geliebten, um dort wieder die Beziehung von gleich zu gleich zu erfahren. Kann man ihn deswegen schuldig sprechen? Wenn umgekehrt einem Partner die Trennung von den Eltern noch nicht gelungen ist, sucht er zuweilen außerhalb der bestehenden Beziehung nach der vermissten Mutter oder dem vermissten Vater. Auch die Bindung an ein Geschwister kann manchmal den Ehesegen stark beeinträchtigen.

Ein Beispiel: Eine Frau schlief schon lange nicht mehr mit

ihrem Mann. Selbst zärtliche Berührungen waren ihr zuwider. Der Mann litt sehr darunter. Schließlich hielt er es nicht mehr aus und nahm sich eine Freundin, doch er blieb bei der Frau und den Kindern. In der Aufstellung zog es die Frau zu ihrem toten jüngeren Bruder, den sie fast wie eine Mutter erzogen hatte. Er war durch einen tragischen Unfall ums Leben gekommen. Ihr Mann interessierte sie kaum.
In der Aufstellung war sie unfähig, dem Bruder zu sagen: »Du bist tot. Ich lebe noch eine Weile, dann sterbe ich auch« oder »Es war sehr schlimm, aber im Andenken an dich wird es jetzt gut weitergehen. Bitte schau freundlich auf unsere Familie.« Sie wollte auch nicht den Platz neben ihrem Mann ausprobieren. »Das ist mir viel zu nah«, sagte sie. Sie wollte nur zum Bruder. Als sie vernahm, dass der Bruder über ihr Verhalten sehr traurig war, konnte auch das bei ihr nichts ändern.
Wenn diese Ehe auseinander bricht, mag der Außenstehende in dem sündigen Ehemann den Schuldigen sehen, doch von der Aufstellung her ist es gut nachvollziehbar, warum er sich eine Freundin suchte. Bei der Aufstellung wurde ebenfalls deutlich, dass die Kinder sich an der Seite des Vaters sicherer fühlten als bei der Mutter.
Bei Untreue verurteilt oft der eine den anderen lautstark. Wenn der Unschuldige seinen Freunden und Bekannten gegenüber den Partner anschwärzt, etwa nach dem Motto: »Ich bin der Gute, und er ist das Schwein«, wird er ihn verlieren. Die Lösung besteht darin, dass der Partner sein Gesicht wahren kann und die Chance erhält, seine Tat wieder gutzumachen.
Eine richtig verstandene Treue ergibt sich aus der Liebe, nicht aus einem Klammern. Für Hellinger heißt Treue: Achte mich und erweise dich als verlässlich für unser gemeinsames Tun.

Das gilt besonders, wenn Kinder vorhanden sind. Bei kinderlosen Paaren hat die Treue einen geringeren Stellenwert. Doch jenseits der hier erwähnten Zusammenhänge kann uns Amors Pfeil einmal treffen, wenn wir am wenigsten damit rechnen. Bleibt die grundsätzliche Treue und Verlässlichkeit zum Partner gewahrt, kann eine solche Außenbeziehung unter Umständen eine gute Wirkung haben. Dieser Tenor kommt auch in einem Brief Hellingers an einen Klienten zum Tragen. Hellingers Sichtweise ist so differenziert und voller Lebensweisheit, dass hier der ganze Brief vorgestellt werden soll:

»Das Erste ist, dass du nichts über deinen Fehltritt sagen darfst, sonst bürdest du anderen die Last auf, die du selber tragen musst. Das Zweite ist, dass so, wie du die beiden Beziehungen abwägst, die eine deutlich überwiegt. Die andere scheint nur schöner, weil du sie ohne die Verpflichtung und Belastung erlebst, die mit der vollen Sache verbunden sind. Drittens, die neue Beziehung war für dich wichtig. Nimm sie daher als ein Geschenk. Doch sie behält vielleicht ihren Wert nur, wenn du sie jetzt beschließt.« (FWW: 28)

V
Dynamiken, die krank machen

Die Bindung unter den Familienmitgliedern bewirkt, dass die Spätergeborenen die Frühergeborenen festhalten wollen, damit sie nicht gehen. Wenn sie schon gestorben sind, wollen die Späteren ihnen oft in den Tod folgen, besonders dann, wenn die Früheren ein schlimmes Schicksal zu tragen hatten. Wiederum ist es die tiefe Bindung, die gesunde Kinder sich schlecht fühlen lässt, wenn ihre Eltern leiden. Kinder wollen ihren Eltern ähnlich sein. Wenn Eltern krank sind oder Schuld auf sich geladen haben, wollen die Kinder dies unbewusst auch. Wo immer in der Familie Unglück, Schuld oder schlimme Krankheit sind, wollen die Kinder daran teilhaben. Für ihre Zugehörigkeit zum Familiensystem sind sie bereit, viele Opfer zu bringen.

Auf diese Weise verzichten Kinder häufig auf ihr Glück und ihre Gesundheit. Sie haben den Glauben, dass durch ihren Verzicht auf ein volles und erfülltes Leben das Leben, das Glück und die Gesundheit der anderen gerettet werden könnte. Zu alldem trägt nicht nur die Bindung bei, sondern auch das damit verbundene Bedürfnis nach Ausgleich zwischen Vorteilen, Glück, Gesundheit, Leben und Unschuld der einen und Nachteilen, Unglück, Krankheit, Tod und Schuld der anderen. Der Ausgleich erfolgt, indem diejenigen, denen es gut geht, es sich ebenfalls schlecht gehen lassen.

Manchmal können auf diese Weise sehr lange Familienskripte entstehen. In der Familie einer Klientin war es üblich, dass jeweils die älteste Tochter außerehelich schwanger wurde, um dann einen anderen Mann zu heiraten. Eine Stammbaumanalyse ergab, dass diese Tradition ohne eine einzige Unterbrechung seit dem 16. Jahrhundert bestand. Unbewusst tragen die Kinder den Satz in sich »Ich möchte werden wie …«, zum Beispiel wie die schwer kranke Mutter oder der früh an Krebs verstorbene Vater. Krankheit und Tod werden so »magisch« von dem Kind herbeigesehnt. Aus diesem Grund ist es neben der medizinischen Hilfe oft sinnvoll, die seelische Dynamik des Kranken mit Hilfe von Familienaufstellungen aufzudecken.

Betrachten wir nun die Dynamiken im Einzelnen, die den Menschen psychisch und/oder körperlich krank machen können.

Lieber ich als du

Eine 50-jährige Patientin litt unter Brustkrebs im Endstadium. In ihrem Körper gab es überall Metastasen, und sie wusste, dass der Tod nahe war.
Aus ihrer Familiengeschichte erzählte sie, dass sie sich noch heute am Sterbebett ihrer Mutter sehe. Damals war sie 17 Jahre alt. Die Mutter hatte Krebs und musste starke Schmerzen aushalten. Das Kind hielt die Hand der Mutter und dachte immer wieder: »Ich könnte den Krebs besser aushalten als du! Warum nur du und nicht ich?« Sie erinnerte sich daran so gut, als sei es gestern gewesen.
Bert Hellinger nennt diese Dynamik »Lieber ich als du«. Über drei Jahrzehnte später ist der Kinderwunsch von damals in Erfüllung gegangen, doch das Leid der Mutter hat dies selbstverständlich nicht lindern können. Ganz im Gegenteil: In Familienaufstellungen kann man immer wieder erleben, dass der Stellvertreter des Toten sehr unglücklich darüber ist, wenn ein Spätergeborener seinem Leid noch ein weiteres hinzufügt. Der Satz des Klienten: »Du bist tot, ich lebe noch eine Weile, dann sterbe ich auch« hat dagegen etwas Versöhnliches. Je nach den Umständen wäre ein anderer Satz in den Aufstellungen möglich: »Bitte segne mich, auch wenn ich bleibe.« Wenn ein Lebender es schafft, solche Sätze zu sagen, reagiert der Stellvertreter des Toten üblicherweise erleichtert, denn er weiß nun, dass es in der Familie gut weitergeht. Paradoxerweise stärkt es die Lebenskraft, wenn man sich den Toten nähert und sie liebevoll anspricht.

Mancher tut sich schwer, die lösenden Worte zu sagen. Lässt man dann den Klienten in die Augen des Toten blicken und ihn sagen: »Aus Liebe zu dir folge ich dir nach« oder »Aus Liebe zu dir lasse ich es mir schlecht gehen«, kann etwas in Bewegung geraten, denn solche Sätze spiegeln die Wirklichkeit. Durch das Aussprechen der Wahrheit, das manch ein Zuschauer als Provokation empfindet, wird dem Kranken möglicherweise klar, dass sein Opfer weder ihm noch dem Toten Nutzen bringt.

Der Kranke kann erkennen, dass seine Liebe die Grenze zwischen sich und dem geliebten Toten nicht überwindet und er die Grenze sogar respektieren muss. Der Tote hat ein Recht, als eigenständige Person betrachtet zu werden. Er will nicht einfach von der Liebe des Zurückbleibenden vereinnahmt werden. Um den Toten als eigenständiges Wesen zu achten, lässt Bert Hellinger einen Satz wie »Ich übernehme das für dich« so oft wiederholen, bis der Kranke den Toten als eigenständige Person wahrnimmt.

Doch nicht immer führt das Sagen des »Lieber ich als du« oder »Ich übernehme das für dich« zum Ziel. Zuweilen kommt es vor, dass der Aufstellende es mit tiefer Sehnsucht sagt. Hellinger respektiert dies, denn seine Aufgabe besteht darin, die Liebe des Kindes offenbar werden zu lassen. Wer solch eine Szene in einem Seminar miterlebt, mag zwar erschüttert sein, doch bei manch einem Kranken findet nach Wochen oder Monaten doch noch eine heilsame Neuorientierung statt. Wenn die alte Form von Liebe, die krank machende Liebe, bewusst geworden ist, kann die gleiche Liebe auch heilend wirken.

Ich folge dir nach

In dem Beispiel von der Frau, die an Krebs starb, ist nach Hellingers Erfahrung meist noch eine zweite Dynamik mit im Spiel. Wenn Eltern beabsichtigen, in den Tod zu gehen, und ihre Kinder das mit »Lieber ich als du« verhindern wollen, steht auf Seiten der Eltern im Hintergrund oft ein anderer Satz: »Ich folge dir nach.« Die Eltern sagen ihn als erwachsene Kinder ihren Eltern oder Geschwistern, wenn diese früh verstorben sind oder schwer krank waren, und folgen ihnen in Krankheit oder Tod.

Wenn ein Kind sieht, dass seine Eltern einem Toten oder Kranken nachfolgen, kann es sagen: »Lieber Vater, liebe Mutter, auch wenn du gehst, ich bleibe« oder »Auch wenn du gehst, ich halte dich in Ehren, und du bleibst immer mein Vater, und du bleibst immer meine Mutter.« Hat einer der Eltern Selbstmord begangen: »Ich verneige mich vor deiner Entscheidung und vor deinem Schicksal. Du bleibst immer mein Vater, und du bleibst immer meine Mutter; und ich bleibe immer dein Kind.« (OL: 375/376)

Kann der christliche Glaube manchmal lebensfeindlich sein?

Sowohl das »Lieber ich als du« als auch das »Ich folge dir nach« werden mit bestem Gewissen gesagt, denn der Betreffende fühlt sich dadurch im Einklang mit seiner Familie. Es scheint mir bemerkenswert, dass es ein ehemaliger katholischer Missionar ist, der in diesem Zusammenhang auf die zuweilen krankheitsfördernde Wirkung des traditionellen christlichen Glaubens hinweist. Die beiden obigen Sätze entsprechen nämlich dem christlichen Vorbild. Hellinger führt die Worte aus dem Johannes-Evangelium an: »Eine größere Liebe hat niemand, als wer sein Leben hingibt für seine Freunde«, und weist auf Jesu Forderung an seine Jünger, ihm auf dem Leidensweg zu folgen bis in den Tod. Genau betrachtet, lautet die Botschaft Jesu: Liebe und Tod bringen Erlösung. Die Vita vieler Heiliger bestätigt dem gläubigen Christen, dass man stellvertretend für andere Menschen Krankheit und Tod auf sich nehmen kann. Im Jenseits ernten wir die Früchte dafür.

Die im Christentum verbreitete Vorstellung, man könne dem Toten im Jenseits wieder begegnen, fördert bei manchen die Tendenz, das Leben gering zu schätzen. Der Glaube an ein Weiterleben nach dem Tod oder, wie in Asien, an die Reinkarnation kann eine Unterbewertung des Hier und Jetzt zur Folge haben.

Ein Kapitel in Hellingers Buch »Ordnungen der Liebe« ist überschrieben mit »Vom Himmel, der krank macht, und der Erde, die heilt«. »Himmel« steht hier für den christlichen

Glauben und »Erde« für eine diesseits gerichtete Liebe, die das Leben vollständig bejaht – bis zum letzten Tag und mit allem, was dazugehört.

All dem könnte man entgegenhalten, dass auch Hellinger von einem Leben nach dem Tod ausgeht, denn er stellt die Toten bei Familienaufstellungen auf und orientiert sich an deren Reaktionen. Doch solch eine Entgegnung führt in die falsche Richtung. Die Existenz nach dem Tod ist nicht einfach ein »Weiterleben mit veränderten Bedingungen«.

Die Reaktionen der Stellvertreter zeigen, dass die Toten weiterwirken, doch anders als die Lebenden. Der Tote lebt zwar nicht und ist abwesend, doch er existiert noch. In den Worten »anwesend sein« und »abwesend sein« sind jeweils »wesen« enthalten. Hellinger zitiert in diesem Zusammenhang gern den Philosophen Martin Heidegger: »Aus dem Verborgenen kommt etwas ans Licht ins Unverborgene, und dann sinkt es wieder zurück ins Verborgene. Das Verborgene ist anwesend auf die Weise des Verborgenen. Aber es ist nicht weg. Es taucht auf und sinkt zurück.« (SBK: 159)

Auch das Leben entspringt dem Verborgenen, bis es am Ende wieder in dieses Reich eintaucht. Das eigentlich Bedeutsame ist nicht das, was vorübergehend im Licht aufleuchtet, sondern das große Reich des Nichterkennbaren.

Nach Hellinger wirken die Toten aus jenem verborgenen Reich in unsere Sphäre hinein. Gedenkt man der Toten freundlich, haben sie auf die Lebenden eine fördernde Wirkung. Spricht eine Familie einem Toten die Zugehörigkeit zum System jedoch ab, indem sie ihn zum Beispiel tabuisiert, hat dies eine problematische Wirkung auf die Lebenden. Bildlich sind diese Zusammenhänge in den Gespenster- und Geistergeschichten dargestellt. Geister sind nämlich Wesen, denen man die Zugehörigkeit verweigert hat. Sie klopfen an,

bis ihnen ein Platz eingeräumt wird. Sobald sie ihn bekommen, verhalten sie sich ruhig und haben sogar eine gute Wirkung auf die Lebenden.« (Vgl. AWI: 76)
Das freundliche Gedenken nach dem Weggang des Familienmitglieds wird möglich, wenn man sich dem tiefen Abschiedsschmerz gestellt hat. Viele weichen diesem Schmerz jedoch aus und trauern über einen langen Zeitraum hinweg. Sie versuchen sich mit der christlichen Vorstellung zu trösten, dass sie dem Toten nach ihrem eigenen Ableben wieder begegnen. Doch ein richtiger Abschied ist nur möglich, wenn wir uns eingestehen, dass wir nichts wissen über das, was danach kommt. Gedanken über ein mögliches Wiedersehen sind nur Vermutungen und verhindern einen guten Abschied.
Wenn der Abschied im Guten nicht gelingt, wird der Tote unnötig belastet. Diese Ansicht findet sich nicht nur bei vielen Dichtern, etwa bei Rainer Maria Rilke, sondern auch in den Weisheiten des Volksmärchens. Das folgende Märchen der Gebrüder Grimm verdeutlicht das.

Das Totenhemdchen

Es hatte eine Mutter ein Büblein von sieben Jahren, das war so schön und lieblich, dass es niemand ansehen konnte, ohne ihm gut zu sein, und sie hatte es auch lieber als alles auf der Welt. Nun geschah es, dass es plötzlich krank ward und der liebe Gott es zu sich nahm; darüber konnte sich die Mutter nicht trösten und weinte Tag und Nacht. Bald darauf aber, nachdem es begraben war, zeigte sich das Kind nachts an den Plätzen, wo es sonst im Leben gegessen und gespielt hatte; weinte die Mutter, so weinte es auch, und wenn der Morgen

kam, war es verschwunden. Als aber die Mutter gar nicht aufhören wollte zu weinen, kam es in einer Nacht, in dem Hemdchen, in welchem es in den Sarg gelegt war, und mit dem Kränzchen auf dem Kopf, setzte sich zu ihren Füßen auf das Bett und sprach: »Ach Mutter, höre doch auf zu weinen, sonst kann ich in meinem Sarge nicht einschlafen, denn mein Totenhemdchen wird nicht trocken von deinen Tränen, die alle darauf fallen.«
Da erschrak die Mutter, als sie das hörte, und weinte nicht mehr. Und in derselben Nacht kam das Kindchen wieder, hielt in der Hand ein Lichtchen und sagte: »Siehst du, nun ist mein Hemdchen bald trocken, und ich habe Ruhe in meinem Grab.«
Da befahl die Mutter dem lieben Gott ihr Leid und ertrug es still und geduldig, und das Kind kam nicht wieder und schlief in seinem unterirdischen Bettchen.[25]

Beim Lesen dieses Märchens mag einem der Gedanke kommen, dass nicht nur die Toten in das Reich der Lebenden hineinwirken, sondern auch umgekehrt die Lebenden in das Reich der Toten.

[25] »Die Märchen der Brüder Grimm«, München 1989. Der Text folgt der Version 1857. Ausführlich dargestellt habe ich dieses Märchen in dem Buch über Leben und Tod, das im Herbst 2008 beim Knaurverlag erscheint.

Sühne für persönliche Schuld

Wenn ein Autofahrer mit stark überhöhter Geschwindigkeit an einem Spielplatz vorbeifährt und dadurch ein Kind zu Tode kommt, wird er sich in der Regel kaum noch des Lebens freuen können. Im Angesicht des toten Kindes scheint ein glückliches Leben nicht mehr möglich zu sein.

Doch es gibt eine Lösung. Sie besteht darin, sich dem ganzen Ausmaß der Schuld zu stellen und zu allen Folgen Ja zu sagen. Das schmerzt sehr. Wenn der Mann im Angesicht dieser Schuld etwas Gutes im Leben macht, dann war all das Schlimme nicht umsonst. Umsonst allerdings wäre der Tod des Kindes gewesen, wenn sich der Mann sagt: »Nach all dem Schrecklichen hat mein Leben keinen Sinn mehr.« Depression, Krankheit und Leid sind für ihn letztlich einfache Wege, mit dem Erlebnis umzugehen. Größe würde darin liegen, im Angesicht der schweren Schuld noch etwas Gutes im Leben zu tun. In einem solchen Fall geht es dem Stellvertreter eines toten Kindes in einer Aufstellung nicht gut, wenn er sieht, wie der Schuldige sein Leben ungenutzt lässt.

Im Umgang mit einer persönlichen Schuld, so Hellinger, ist der traditionelle christliche Glaube lebensfeindlich. Im Christentum herrscht nämlich die Vorstellung, man müsse seine Schuld abtragen. Wenn aber jemand zu seiner Schuld steht, kann sie auch zu einer Quelle der Kraft werden. Schuldgefühle haben nur jene, die sich weigern, Schuld zu bekennen. Sie stellen sich nur dann ein, wenn jemand die Schuld verdrängt und in irgendwelche Erklärungen flüchtet.

Während das Schuldeingeständnis den Betreffenden stärkt, können ihn Schuldgefühle nur schwächen. Jemand, der zu seiner Schuld steht, kann außerdem Dinge vollbringen, die er ohne eine solche Schuld nie tun könnte.

Sühne für fremde Schuld

Nur wenn der Täter in eigener Person zu seiner Schuld steht, kann das gute Folgen haben, wenn aber ein Spätergeborener die Schuld des Früheren übernimmt, schwächt dies und bringt Unheil. Erinnert sei zur Verdeutlichung an die Geschichte »Der Rächer« (S. 58).
Diese Dynamik findet man auch in Familien von Kriegsverbrechern. Spätergeborene übernehmen aus Liebe die Schuld eines Täters. In Familienaufstellungen ist es bewegend mitzuerleben, dass es den Täter zusätzlich beschwert, wenn sein Kind für ihn die Schuld trägt.

Unglück als Preis für Errettung aus einer Gefahr

Für uns ist nicht zu durchschauen, warum bei einer Flugzeugkatastrophe oder bei einem anderen großen Unglück der eine überlebt und der andere nicht. Diejenigen, die überleben, trauen sich anschließend oft nicht mehr glücklich zu sein. Sind zum Beispiel Bergarbeiter in einem Stollen eingeschlossen, wird sich der Überlebende im Angesicht seiner toten Kumpel fragen: »Womit habe gerade ich es verdient, dass mich das Schicksal verschont hat?« Die Lösung wäre, dass er das Leben vom Zeitpunkt seiner Errettung an als besonderes Geschenk, als ein »zweites Leben«, betrachtet und dafür dankt. So kann er wieder normal leben, doch gehört zu einer solchen Haltung auch die Demut vor dem Schicksal.

Ähnlich ist die Dynamik bei jemandem, der als Kind fast ertrunken oder anderweitig beinahe umgekommen wäre. Wenn die Eltern nach der Rettung versäumen, zusammen mit dem Kind für das neu geschenkte Leben zu danken, wird das Kind sein Leben oft nur auf antriebsschwache Weise fortsetzen. Es lebt auf eine seltsam unbeteiligte Art, selbst noch als Erwachsener. Statt des unbewussten »Ach, eigentlich hätte ich ja tot sein sollen, wie kann ich da noch gut leben?« könnte es auch sagen: »Ich danke dem Schicksal, dass ich noch eine Chance bekommen habe. Ich nutze sie.«

Hier wird deutlich, wie sehr es auf die eigene Haltung ankommt.

Ich komme mit

Im Angesicht eines sterbenden Menschen, insbesondere wenn ein Kind Vater oder Mutter sterben sieht, ist ein unbefangenes Weiterleben schwer. Viele möchten am liebsten mitkommen.

Die Mutter einer Heroinsüchtigen hatte schon lange Krebs und lag im Sterben. In der Aufstellung ließ Hellinger das Mädchen zur Mutter sagen »Ich komme mit«. Dieser Satz traf den Kern, denn das Kind hatte das »Ich komme mit« völlig überzeugend gesagt. An diesem Punkt wurde die Aufstellung abgebrochen. Obwohl man kaum damit rechnen konnte, machte das Mädchen nach dem Tod der Mutter eine erfolgreiche Entziehungskur. Die ans Licht gebrachte Wirklichkeit hat im Nachhinein noch etwas gewendet.

In einem anderen Beispiel heißt die Dynamik nicht »Ich komme mit«, sondern »Ich komme auch«. Eine an Brustkrebs erkrankte Frau sagte diesen Satz ihrem abgetriebenen Kind, das aus einer vorehelichen Verbindung stammte. In diesem Beispiel folgt nicht der Spätere dem Früheren, sondern umgekehrt der Frühere dem Späteren. Nicht nur bei Abtreibungen, sondern auch wenn ein Kind früh an einem Unfall oder einer schweren Krankheit stirbt, lässt sich diese Dynamik zuweilen bei den Eltern beobachten.

In diesem Beispiel stellte Hellinger die Frau neben den Stellvertreter für den ersten Partner. Vor ihnen auf dem Boden saß das abgetriebene Kind und lehnte sich an die Eltern. Aus der Art, wie die Frau schaute und emotional reagierte, konnte man wahrnehmen, wie tief die Frau mit dem Kind verbunden war und dass sie ihm folgen wollte. Hellinger ließ den Mann und die Frau jeweils eine Hand auf den Kopf des Kindes legen.

Dann sagte Hellinger zu der Frau: »Du musst es anschauen, das Kind. Sag ihm: ›Ich komme auch.‹«

Helen: »Ich komme auch.« *(Sie weint)*

Hellinger: »Hinschauen.«

Helen: »Ich komme auch.«

Hellinger: »Stimmt der Satz?«

Helen: »Ich möchte nicht.«

Hellinger: »Ich habe gefragt, ob er stimmt.«

Helen: »Ja.«

Hellinger *(nach einer Weile):* »Ich lasse es hier jetzt. Nimm das Gefühl ernst.«

(Helen nickt)

Hellinger: »Gut. Das war es dann.« (SBK: 47)

Auch hier sind wieder viele empört, dass der Therapeut nicht »mehr macht«. Dazu Hellinger zu den Teilnehmern dieses Seminars:

»Die Frage ist: Was ist es, das wirkt? Wirke ich? Oder was ist es, das wirkt?

Es wirkt die Wirklichkeit, wenn sie am Licht ist und angeschaut wird. Wenn jemand über die Wirklichkeit hinaus handelt, verachtet er die Wirklichkeit und stellt sich an ihre Stelle. Die Folgen davon sind schlimm.

Wirklichkeit, die angeschaut wird und geachtet wird, ist freundlich. Der Therapeut, der darüber hinaus noch etwas anderes machen will, der ist feindlich, dem Patienten und der Lösung feindlich. Er überhebt sich über die Wirklichkeit.« (SBK: 48)

Stellvertretendes Sterben in der Paarbeziehung

Zu dieser Dynamik erzählte Bert Hellinger ein Beispiel. Eine Frau litt unter vielen Tumoren und konnte kaum noch sprechen. Sie stellte ihre Gegenwartsfamilie auf und sagte: »Mein Mann hat sich vor 20 Jahren erschossen.« Der Mann war vorher verheiratet gewesen und hatte zwei Kinder aus der ersten Ehe. Auch diese Personen wurden aufgestellt. Die erste Frau und der Mann standen sich gegenüber. Der Stellvertreter des Mannes sagte: »Ich kann immer nur auf ihre Füße schauen.« Der Stellvertreterin der Frau war es, als wolle sie »fliegen«. Wenn jemand in einer Aufstellung abheben und fliegen will, so Hellingers Erfahrung, deutet das auf den Wunsch nach Selbstmord.

Hellinger bat nun den Mann, er solle sich vor die Füße der Frau knien. Daraufhin schüttelte es die Frau. Sie schluchzte laut auf und hielt sich die Hände vor das Gesicht. Hellinger ließ die Frau sagen: »Ich nehme es von dir als ein Geschenk.« Das traf den Nagel auf den Kopf, denn der Mann hatte sich anstelle der Frau umgebracht. Die Frau hatte sich das Leben nehmen wollen, und der Mann hatte es stellvertretend für sie getan.

Dieser Fall wirft viele Fragen auf. Wie kommt es dazu, dass ein Mann sich für seine erste Frau umbringt, obwohl er doch schon von ihr getrennt war und mit einer zweiten Frau zusammenlebte? Wie kommt es überhaupt dazu, dass sich ein Partner für den anderen opfert? Beantworten lassen sich diese Fragen nicht, doch wird an diesem Beispiel zweifelsohne deutlich, wie tief die Bindung an den ersten Partner ist. In einem anderen Beispiel geht es um stellvertretende Übernahme einer Krankheit. Ein Mann, Victor, erzählte in einer meiner Gruppen von seinem schweren Rheuma. Da sein Schwiegervater mit im Haus lebte und offensichtlich sehr bedeutsam war, wurde er bald in die Aufstellung hineingenommen. Auch eine Stellvertreterin für das Rheuma wurde aufgestellt, die Victor direkt neben sich stellte. Schon nach kurzer Zeit sagte der Stellvertreter des Schwiegervaters energisch: »Die da (Rheuma) gehört zu mir!« Das Rheuma wechselte von Victor zur Frau und zum Schwiegervater und stimmte zu: »Hier ist mein Platz, mit dem Mann (Victor) habe ich gar nichts zu tun!«

Auf nähere Fragen erzählte Victor nun, dass die Mutter seiner Frau früh an einer Lungenentzündung starb, als seine Frau zwei Jahre alt war. Der Witwer, Victors Schwiegervater, kam nicht über den Verlust seiner Frau hinweg und klammerte sich an seine Tochter. Als die Eltern der Frau bewegt Abschied voneinander nahmen und auch die Frau dies tat, sagte der Stellvertreter des Rheumas: »Jetzt bin ich überflüssig!« Bei dieser Dynamik ist es wichtig, dass der Partner, der das Schwere für den anderen trägt, ihm in die Augen schaut und sagt: »Ich achte dein Schweres, und ich lasse es bei dir.« Monate später kam Victor mit seiner Frau in meine Praxis. Das Rheuma hatte sich nach eigener Aussage um 50% gebessert. Auf meine Frage, was den mit den anderen 50% sei, antwortete Victor: »Wenn ich es meiner Frau lasse, habe ich Angst, dass sie krank wird!« Hier zeigt sich, wie schwer es ist. dem Partner das Eigene zu lassen.[26]

[26] Dieses Beispiel wurde entnommen aus: Thomas Schäfer, »Wenn Dornröschen nicht mehr aufwacht«, München 2001, S. 26

Woran erkennt man systemische Verstrickungen?

Wenn alte ungelöste Probleme in spätere menschliche Beziehungen hineinwirken, sind Verhalten und Emotionen des Betreffenden aus seiner momentanen Lebenssituation heraus nicht nachvollziehbar. Die Identifikation mit etwas Altem wird für uns als ein »Außer-sich-Sein« wahrnehmbar. Oft kommt einem der Betreffende wie ein Besessener vor oder wie jemand, der sich in Trance befindet. Immer wenn ein Mensch intensive Gefühle und Reaktionen zeigt, die aus der gegenwärtigen Situation nicht erklärbar sind, kann das auf eine Verstrickung in alte Familienprobleme hinweisen. Nach Bert Hellingers Erfahrung sind Gerechtigkeitsfanatiker oft systemisch verstrickt. Wer zwanghaft und fanatisch für etwas kämpft, der kämpft meist für jemanden in seinem System. Als Therapeut kann man im Laufe der Zeit ein Gefühl dafür bekommen, ob Probleme entwicklungspsychologisch bedingt sind, zum Beispiel durch ein traumatisches Erlebnis, oder ob sie auf der generationsperspektivischen Ebene angesiedelt sind. Hellinger vergleicht diese Unterscheidungsfähigkeit mit dem musikalischen Gehör.

VI
Ausgesuchte Krankheiten und körperliche Symptome

Allgemeines

Wenn jemand krank wird, ist bei ihm meist etwas in Unordnung geraten. Schon in der Antike und im Mittelalter sah man Krankheit als Zeichen für eine Störung im Gemüt, in der Lebensausrichtung oder im Familienleben an. Religiös gedeutet, betrachtete man Krankheiten als Folge von Sünde. Systemisch gesehen, sind die »Sünden« Verstöße gegen eine Ordnung. Für Hellinger heißt »in Ordnung bringen«:

- dass man die, die dazugehören, hereinbringt.
- dass man die achtet, die verachtet wurden und werden.
- dass man die, die ihre Zugehörigkeit zum System verspielt haben, etwa durch einen Mord, wegschickt oder ziehen lässt. (SBK: 142)
- dass man sich keine fremde Schuld auflädt.
- dass man sich zur eigenen Schuld im Leben bekennt.

In der Arbeit mit Schwerkranken hat Hellinger es nach eigener Aussage noch nie erlebt, dass in der Familie alles in Ordnung gewesen wäre. In der Regel steht die Schwere einer Erkrankung mit der Schwere des Familienschicksals in Zusammenhang.
Von den im letzten Kapitel aufgezählten Dynamiken führen insbesondere »Lieber ich als du« und »Ich folge dir nach« zu Krankheiten. Diabetes, Krebs, multiple Sklerose und viele andere schwere Krankheiten haben häufig diesen Hintergrund.
In jüngster Zeit ist es populär geworden, Krankheiten psychologisch zu untersuchen und die Symptomatik symbolisch

zu deuten. Bert Hellinger hat in diesem Zusammenhang auf einen wichtigen Punkt hingewiesen: Es ist ein Irrglaube, wenn ein Kranker der Ansicht ist, er müsse nur den psychologischen Hintergrund erkennen und würde dann bald geheilt werden.

Hellinger geht davon aus, dass man nicht alle Krankheiten mit dem systemischen Geschehen in der Familie in Verbindung bringen kann. Oft stellt sich ein Kranker beispielsweise die Fragen: »Was habe ich getan, dass ich Krebs bekommen habe? Was ist hier der systemische und psychologische Zusammenhang?« Die Mentalität, die hinter solchen Fragen steckt, entspricht dem schon in der Einführung beschriebenen konstruktivistischen Zeitgeist: »Sofern ich mir nur bestimmte Informationen beschaffe, kann ich alles wieder in Ordnung bringen – Gesundheit ist programmierbar. Ich muss nur den alten schädlichen ›input‹ durch einen besseren ersetzen.« Wenn diese Methode dann nicht funktioniert, kommt der Kranke zu völlig falschen Schlüssen. Bis zum Ende glaubt er, er habe nicht radikal genug »umprogrammiert«.

Mit solch einer Einstellung muss sich der Kranke nicht der schicksalhaften Krankheit und dem vielleicht schon vor der Tür stehenden Tod stellen. Nach Hellingers Erfahrung wirkt eine derartige Haltung in der Seele unheilvoll, weil dahinter eine Anmaßung steht. Die meisten von uns fallen sehr schnell diesem heute so typischen Machbarkeitswahn zum Opfer.

Statt alles möglichst rasch wieder unter Kontrolle bringen zu wollen und statt der Neugier nachzugeben, geht es für den Kranken darum, sich respektvoll und in Demut seinen Schicksalskräften zu nähern. Solch eine Haltung kann keine Garantie für eine Heilung sein, doch sie eröffnet eine Chance darauf.

Ein lebensgefährlich Erkrankter kann sich zum Beispiel, so Hellingers Vorschlag, den Tod als »Freund und Wächter des Lebens« an seiner Seite vorstellen. Von Zeit zu Zeit kann er sich ihm zuwenden und sich tief vor ihm verneigen.

Hier ein Beispiel dafür, wie Bert Hellinger im Seminar mit Klienten umgeht, die an die Programmierbarkeit von Gesundheit glauben. Eine an Brustkrebs erkrankte Frau hatte vor längerer Zeit ihre Gegenwartsfamilie aufgestellt. Bei einem späteren Seminar wollte sie nun auch ihre Herkunftsfamilie aufstellen. Vor einem halben Jahr hatte sie eine Untersuchung machen lassen, bei der einige versprengte Krebszellen im Knochenmark gefunden worden waren: »Da möchte ich noch dran arbeiten. Ich möchte ganz gesund werden«, meinte sie. Hellinger entgegnete, dass das wohl etwas viel erwartet sei.

Lotte: »Ich bin extra hierher gekommen, aus München.«

Hellinger: »Was denkst du, wie es mir geht, wenn du das sagst?«

Lotte: »Du hast mir damals gesagt, ich solle in einiger Zeit noch mal zu dir kommen, und dann würden wir die Herkunftsfamilie aufstellen.«

Hellinger: »Ich stehe zu meinem Wort, so ist es nicht. Aber zu erwarten, was du erwartest, das ist die falsche Richtung.« (SBK: 157)

Im weiteren Verlauf des Gesprächs fragte Hellinger, was er ihr denn damals geraten habe. Sie erwiderte, dass es eine vor ihr gestorbene Schwester gebe, deren Vorname sie trage. In Bezug auf diese Schwester habe er ihr gesagt, sie solle »die große Seele« wirken lassen, was ihrer Meinung nach auch geschehen sei. Sie habe einen intensiven inneren Kontakt zur Schwester bekommen. Zudem hatte sie ihren Vornamen, den sie sich anstelle des Namens der Schwester zugelegt hatte,

abgelegt und den alten Vornamen wieder angenommen. Hellinger begrüßte das und fragte sie, ob es ihr oder ihrer Schwester besser ginge.
Lotte: »Mir. Ich bin noch da.«
Hellinger: »Und was ist mein Bild, wem es besser geht?«
Lotte: »Ihr.«
Hellinger: »Genau. Das ist mein Bild.«
Lotte *(nach einer langen Pause):* »Ich habe Herzklopfen bekommen.«
Hellinger: »Gut. Ich möchte es da im Augenblick auch lassen. Ich komme später darauf zurück.« (SBK: 158)
Zur Gruppe gewandt unterstrich Hellinger; dass der Schlüsselsatz, der hier krank macht, lautet: »Ich möchte ganz gesund werden.« Dieser Satz blockiert die Energie, und die in der Seele wirkenden Kräfte können sich dann nicht entfalten. Wenn Lotte aufhört zu glauben, dass sie es besser habe als die Tote, kann sie auf eine höhere Ebene kommen. Auf dieser höheren Ebene spielt es genau genommen »keine Rolle (...), ob sie gesund wird oder nicht. Das ist eine Ebene, auf der dieser Unterschied nicht mehr zählt. Und dann kann sich Heilendes entfalten. Auf dieser Ebene erst.« (SBK: 158)
Wenden wir uns nun einigen ausgesuchten Krankheiten und körperlichen Beschwerden zu. Hier geht es nicht darum, lexikalische Definitionen über systemische Hintergründe aufzulisten, vielmehr werden bestimmte seelische Zusammenhänge bei bestimmten Krankheiten erwähnt, die in der Vergangenheit durch Familienaufstellungen sichtbar geworden sind. Es handelt sich demnach nicht um statistische Ergebnisse, die irgendeinen Anspruch erheben.
Jedes der hier aufgezählten Krankheitsbilder kann selbstverständlich auch mehrere andere Hintergründe haben.

Wenn erst einmal einige Jahrzehnte praktische Erfahrungen mit Familienaufstellungen vorliegen, wird man sicherlich Genaueres sagen können.
Fast jedes Jahr finden mehrere Kongresse und Tagungen in Europa und der Welt über das Familien-Stellen statt. Tausende Kollegen tauschen hier ihr gegenwärtiges Wissen aus.

Krebs

Diese Krankheit ist mit einem großen Tabu verbunden. Man spricht nicht darüber, obwohl die Erkrankungsrate in der Bevölkerung zunehmend steigt. Oft fragen sich die Kranken, was sie denn »falsch« gemacht hätten, um auf diese Weise »bestraft« zu werden. Tatsächlich jedoch liegen die Ursachen der Krankheit viel tiefer.

Bei Krebs, wie auch bei anderen lebensbedrohlichen Krankheiten, fühlt sich der Betreffende oft für jene Familienmitglieder verantwortlich, die Schlimmes erlebt haben. Aus dieser tiefen Verbundenheit, so Hellinger etwas provokativ, bildet sich eine »Gemeinschaft der Heiligen« (SKB: 21). Hier spielt Hellinger auf jene schon erwähnte religiöse Vorstellung an, man könne durch eigenes Leid andere von ihrem Leid erlösen. Es sei hier an die krebskranke Frau aus dem Kapitel V: »Lieber ich als du« erinnert.

Typisch für dieses Mitleiden ist der Fall einer Klientin. Diese Frau wurde an Brustkrebs operiert und hat bis heute kein Rezidiv mehr. In der Aufstellung der Herkunftsfamilie war sie aufs Engste mit ihrem toten Bruder verbunden. Dieser Bruder war jung an einer aggressiven Form von Tuberkulose erkrankt und unter dunklen Umständen gestorben. In der Aufstellung sagte sie ihrem Bruder, dass sie ihm zum Andenken noch etwas aus ihrem Leben machen möchte. Längere Zeit nach der Aufstellung berichtete mir die Patientin, dass sie sich in der Folgezeit wie befreit gefühlt habe. Ihre Depressionen seien verschwunden und zudem habe sich das Verhältnis zu allen Familienmitgliedern zum Guten verändert.

In der Arbeit mit Krebskranken wurde des Weiteren deutlich, dass sie oft der Quelle des Lebens nicht zustimmen. Sie haben Probleme, ihre Eltern so zu nehmen, wie sie sind, und ihnen zuzustimmen, wie sie sind. Hellinger hat auch herausgefunden, dass Krebskranke häufig alles mit sich geschehen lassen, nur um geliebt zu werden. Die eigenen Grenzen missachten sie dabei völlig. Ich erinnere mich an zwei Brustkrebspatientinnen, auf die Hellingers Charakterisierung zutrifft. Beide Frauen taten alles, um nur ja keine Zurückweisung zu erfahren. In ihren sozialen Beziehungen ordneten sie sich stets den anderen unter und stimmten ihnen immer zu, obwohl ihre Meinung häufig eine ganz andere war.

Nach Hellingers Beobachtung verweigern besonders Klienten mit Brustkrebs das Nehmen der Eltern. Vor allem möchten sie nicht die Mutter nehmen und sich tief vor ihr verneigen. Einer krebskranken Frau hat Hellinger in einem Kurs den Satz gesagt: »Lieber gehst du zu den Engeln, als dass du dich vor deiner Mutter verneigst.« Viele Teilnehmer des Seminars waren über diesen therapeutischen Eingriff entsetzt, doch nach dem Seminar lernte es die Frau, sich vor ihrer Mutter zu verbeugen. Nach einem Jahr war sie gesund. (SKB: 88)

Die fehlende Achtung den Eltern gegenüber spielt bei Krebs des Öfteren eine wichtige Rolle. In einem Fall von Knochenmarkskrebs (OL: 410 ff.) weigerte sich der Kranke, sich tief vor seinem Vater zu verneigen. Den Vater zog es aus dem System heraus und unbewusst sagte der Sohn: »Lieber gehe ich als du.« Seine bewusste Haltung dem Vater gegenüber war jedoch eine tiefe Verachtung. Es war ihm lieber zu sterben, als sich vor dem Vater zu verneigen.

Auch auf der Ebene der Paarbeziehung kann die mangelnde Achtung, nämlich die mangelnde Achtung vor dem Partner, in Zusammenhang mit Krebs stehen. In seinem Buch »Ordnungen der Liebe« (OL: 464 ff.) wird die Geschichte einer an Brustkrebs erkrankten Frau geschildert, die kein Mitgefühl für die Männer aufbrachte – weder für den früheren Partner noch für den gegenwärtigen. In einigen Fällen kann Brustkrebs Sühne für ein Unrecht sein, das Männern angetan worden ist.

Sucht

Alkohol- und Drogensucht

Alkohol- oder Drogensucht ist nach Hellingers Erfahrung häufig die Folge eines Nichtnehmens des Vaters. Jemand wird süchtig, wenn ihm die Mutter sagt: »Was vom Vater kommt, taugt nichts. Nimm nur von mir!« Hinter einer solchen Haltung der Frau steckt ihre Verachtung des Mannes. Das Kind ist beiden Elternteilen treu. Für die Herabsetzung des Vaters rächt es sich an der Mutter und nimmt so viel von ihr, dass es ihm schadet. Es sei hier an das drogensüchtige Mädchen aus dem Erziehungsheim erinnert, das statt seines Vaters in den Tod gehen wollte (Kapitel »Eltern und Kinder«, Unterkapitel »Erziehungsgrundsätze«).

Da der Vater für die Lösung der Sucht meist die entscheidende Rolle spielt, plädiert Hellinger dafür, dass Drogenkranke von Männern und nicht von Frauen behandelt werden.

Übernimmt eine Frau die Therapie, stellt sie sich oft zwischen den Klienten und seinen Vater, was die Lösung verhindert. Den Zugang zum Vater kann am besten ein Mann ermöglichen. Hat eine Therapeutin die Fähigkeit, dem Vater des Klienten in ihrem Herzen einen guten Platz zu geben, kann sie ihn aber auch repräsentieren, denn es geht um die guten inneren Bilder (ZG: 290).

Nicht selten ist bei Alkohol- oder Drogensucht der Vater früh verstorben. Hellinger schlägt im Falle des Alkoholkranken vor, dass der Patient ein Foto des Vaters vor sich hinstellt und sagt: »Prost, Papa, bei dir schmeckt's mir.« Dann soll er oder sie so viel trinken, wie es schmeckt. Für manch einen Leser mag diese Therapie wie ein dummer Scherz klingen, doch wenn der Kranke die Übung mit Ernst und im Angesicht des Vaters ausführt, hat sie eine tiefe Wirkung.

Bulimie

Unter Bulimie versteht man ein überdurchschnittliches Essbedürfnis (»Essanfälle«), das mit anschließendem absichtlich herbeigeführtem Erbrechen verbunden ist.

Süchte im Allgemeinen und Bulimie im Besonderen sind heilbar, wenn der Süchtige lernt, im Angesicht der Mutter auch vom Vater zu nehmen, denn in bulimischen Familien zählt der Vater meist wenig. Aus Treue zur Mutter isst das Kind und aus Treue zum abgewerteten Vater erbricht es anschließend.

In einer von Hellinger beschriebenen Bulimie-Aufstellung kam die Lösung zustande, indem die Klientin mutig zur Mutter sagte: »Der Papa ist mir genauso wichtig wie du.« (FS: 268)

Bei der Bulimie ist das Nehmen vom Vater durchaus buchstäblich zu verstehen. Wenn eine bulimische Patientin einen Essanfall hat, schlägt Hellinger vor, dass sie alles einkauft, was ihr Herz begehrt, es vor sich ausbreitet und mit Lust anschaut. Bevor sie zu essen beginnt, kann sie sich vorstellen, auf Papas Schoß zu sitzen und das Essen teelöffelweise von ihm zu erhalten. Vor jedem Bissen blickt sie dem Vater in die Augen und sagt: »Bei dir, lieber Vater, schmeckt's mir. Von dir nehme ich es gerne.« Doch die Übung ist nicht einfach. Wenn man sie ernst nimmt, hat oft schon der bloße

Gedanke daran eine gute Wirkung. Eine Bulimikerin bedankte sich brieflich für den Rat, den ihr Hellinger gegeben hatte.
»Vielen Dank für deine schnelle Antwort und insbesondere für den Tipp mit dem Teelöffel und dem Annehmen. Ich habe es sofort ausprobiert und mache es immer wieder mit tief greifendem Erfolg. Ich habe mich seit dem ersten Mal nicht mehr überfressen, das heißt, ich esse so normal wie schon seit einem Jahrzehnt nicht mehr!!! Wenn der Gedanke daran auftaucht, denke ich an den Teelöffel, und der Impuls verschwindet.« (FWW: 118)

Magersucht

Bei den Familienaufstellungen von Magersüchtigen zeigt sich oft, dass es den Vater aus der Familie herauszieht, indem er zum Beispiel einem früh verstorbenen Mitglied seiner Herkunftsfamilie folgt. In einem solchen Fall sagt die Magersüchtige: »Lieber verschwinde ich als du, lieber Papa.« Die Heilung kann von den Sätzen kommen »Bitte bleibe und segne mich, auch wenn du gehst« zum Vater und zur Mutter »Ich bleibe bei dir, liebe Mama«.
Es gibt auch Fälle, in denen die Magersüchtigen das »Lieber verschwinde ich als du« nicht dem Vater, sondern der Mutter sagen. In mindestens einem Drittel der von mir beobachteten Fälle solidarisiert sich das Kind durch die Magersucht mit der Mutter.
In der Psychotherapie, auch in der klassischen Familientherapie, war lange Zeit die Ansicht verbreitet, bei der Magersucht stehe eine kritische Mutter-Tochter-Beziehung im Kern des Problems. Oft wird der Mutter die Schuld an dieser

Krankheit des Kindes gegeben. Doch jede Deutung, die ein Familienmitglied herabsetzt, erschwert die Lösung. Bei Familienaufstellungen lässt sich feststellen, dass die Heilung oft durch die Mutter kommt, wenn die Tochter ihr sagt »Ich bleibe bei dir.«

Der nicht selten zu beobachtende Wechsel von Magersucht zu Bulimie hat folgenden Hintergrund: Die Magersüchtige hat sich noch nicht ganz entschlossen zu bleiben. Sie isst, um zu bleiben, und sie erbricht, um zu gehen. Die Lösung besteht darin, dass sie beim Brechreiz dem Vater oder der Mutter sagt: »Lieber Papa, ich bleibe« oder »Liebe Mama, ich bleibe«.

Fettsucht

In der Aufstellung einer fettsüchtigen Frau zeigte sich, dass sie mit der verstorbenen ersten Frau des Vaters verbunden war und ihr nachfolgen wollte. Jemand, der gleichzeitig sterben und leben will, kann zum Beispiel aus Vorsicht Nahrung hamstern. Er isst etwas mehr, als der Körper braucht, denn Essen bedeutet: »Ich bleibe.« Macht man sich aber bewusst, dass man bleiben darf, kann man wieder normal essen. Dies gelingt, indem die Verbindung mit Liebe gelöst wird. Wer jedoch fürchtet, dass er gehen muss, isst lieber etwas mehr. Wenn der Fettsüchtige Hunger verspürt, schlägt Hellinger ihm vor, dass er sagen soll: »Ich bleibe.« (FS: 306)

Ein anderes Beispiel: Eine fettsüchtige Klientin erzählte, dass sie kurz nach ihrer Hochzeit ihre Mutter verloren habe. Sie fühlte sich aufs Engste mit ihr verbunden. Die Mutter war einfach tot umgefallen; niemand hatte mit ihrem Tod gerechnet. In der Folge wurde die Frau fettsüchtig, und auch das in

der Ehe geborene Kind wurde sehr dick. Auch hier kann man das vermehrte Essen als Vorsichtsmaßregel gegen ein zu schnelles Nachfolgen ansehen.
Selbstverständlich darf man aus diesen Hinweisen kein Dogma machen. Bei der Fettsucht gilt es, medizinische Fragen abzuklären, und natürlich kann es noch eine Reihe anderer psychischer Zusammenhänge geben.

Depression

Im Kapitel über das Nehmen der Eltern wurden mehrere Beispiele für die Entstehung einer Depression vorgestellt. Hinter der Depression steckt oft eine Verachtung der Eltern. Je wütender und böser jemand auf seine Eltern ist, desto weniger nimmt er von ihnen die elterliche Kraft und desto depressiver wird er. Die Depression verschwindet, wenn man den Eltern in Liebe so zustimmt, wie sie sind.

Das mangelnde Nehmen der Eltern kann aber auch durch andere Dynamiken bedingt sein. Ein Beispiel: Eine Frau litt seit ihrer Jugend an schweren depressiven Verstimmungen. In einer Aufstellung mit Papierscheiben wurde deutlich, dass sie mit der früheren Verlobten ihres Vaters verbunden war. Dieser Frau war ein großes Unrecht angetan worden. Der Vater hatte sich von ihr getrennt, weil der Großvater die Verlobte als »nicht gemäß« für seinen Sohn betrachtet hatte. Für diese rüde Behandlung der Frau büßte nun die Klientin. Als sie sich auf das die Papierscheibe für ihre eigene Person stellte, spürte sie zu ihrer Verwunderung die starke Nähe zu dieser Frau. Sie blickte in die Runde der Familienmitglieder und dann auf die Verlobte und sagte: »Jetzt im Augenblick bekomme ich mein typisches Depressionsgefühl.« Beim Anblick der Eltern meinte sie: »Es fühlt sich an, als ob ich Christus wäre. Ich muss dafür sorgen, dass meine Eltern beisammen bleiben.«

Das Christusgefühl zeigt, dass das Ich nicht kindgemäß, sondern »inflationiert« war – es nahm sich zu wichtig. In einem solchen Fall muss das Kind wieder zurück in die Kindrolle:

»Ich nehme euch und achte euch als meine Eltern. Bitte seht in mir euer Kind.« Aus dieser bescheidenen Position heraus muss es den Anspruch aufgeben, die Ehe der Eltern retten zu können, denn Paarangelegenheiten gehen nur das Paar an. Kindern, die sich in die Ehe ihrer Eltern einmischen, geht es nie gut.

Besonders intensiv reagierte die Frau, als sie der Mutter sagte: »Die Verlobte des Vaters ist seine Sache. Du bist meine Mutter, und nur du bist die Richtige für mich. Bitte nimm mich als dein Kind.« Die Frau hatte kein gutes Verhältnis zu ihrer Mutter gehabt, doch jetzt weinte sie vor Freude und strahlte. »Es ist, als ob eine zentnerschwere Last von mir abfällt«, berichtete sie. Zu dem Vater sagte sie noch: »Deine frühere Verlobte geht mich nichts an, meine Mutter steht dort« (auf sie zeigend). Die Frau konnte ihre Mutter nicht als Mutter nehmen, weil sie mit der Verlobten des Vaters verbunden war. Die Mutter hat in ihr unbewusst eine Rivalin gesehen. Durch das Aufdecken dieser Verstrickung wurde der Weg zur Mutter und zum Vater frei.

Was das Christusgefühl angeht, kam noch etwas Weiteres heraus. Die Mutter zog es zu ihrem an Krebs gestorbenen Vater. Das Kind hatte das gespürt und wollte durch eigenes Leid den Retter der Mutter und auch den Retter der Ehe ihrer Eltern spielen. Hier hilft es, um den Segen der Mutter zu bitten, auch wenn man bleibt.

Einige Monate später berichtete die Klientin, dass sie keine depressiven Verstimmungen mehr habe und ihr Leben sich in einem tiefen Wandel befinde.

Die Ursachen von schweren Depressionen gehen jedoch über das hier Gesagte hinaus. Oft findet sich hier tiefes Leid in der Familie. Eine schwer depressive Klientin beispielsweise hatte Eltern, die beide das KZ Auschwitz überlebt hatten.

Psychosen

Bei Psychosen sind im Familienhintergrund oft lange gehütete Tabus zu finden. Bei diesen Tabus geht es nicht selten um Mord oder andere Verbrechen.

Volkmar und Luise kommen wegen ihres ältesten Sohnes in eine meiner Gruppen. Ihr Kind Willi ist wegen seines auffälligen Verhaltens schon lange in kinderpsychiatrischer Behandlung, die jedoch ohne Wirkung blieb. Außerdem ist Willi hygienisch verwahrlost. Eine genaue Diagnose wurde nicht gestellt. Die Aufstellung zeigt, dass sich Willi ausgegrenzt fühlt; er leidet. Luise erzählt von einem Bruder des Vaters, der als fünfter von fünf Brüdern auf die Welt kam. Erst unmittelbar vor Seminarbeginn hatte sie die folgende Geschichte erfahren: Die Oma hatte schon nach der Geburt des dritten Kindes ausgerufen: »Schmeißt ihn auf den Mist, ich will keine Jungen mehr sehen! Ich will nur noch ein Mädchen.« Nach der Geburt des fünften Jungen, der körperlich sehr schwach war, kümmerte sie sich um diesen kaum noch. Weder kümmerte sie sich hygienisch um ihn, noch nahm sie ihn richtig als ihr Kind wahr. Ob sie ihm genug zu essen gab, ist ungeklärt. Das Kind starb recht schnell und wurde in der Familie totgeschwiegen. Es zeigt sich, dass Willi mit diesem getöteten Großonkel mitfühlt. Sein Schicksal lässt ihn »sich verrückt fühlen«. Ausführlich habe ich diese Geschichte in meinem Buch »Wenn Liebe allein den Kindern nicht hilft« erzählt.

Psychosen können verschiedene Hintergründe haben. Nicht selten findet man bei Psychotikern gegengeschlechtliche

Identifikationen. Zum Beispiel kam ein Mädchen in die Psychiatrie, das im System den verstorbenen Zwillingsbruder des Vaters vertrat. Eine gegengeschlechtliche Identifikation kann auch des Öfteren Homosexualität mit sich bringen.

Ein anderer Hintergrund für Psychosen ist eine Identifizierung mit einem früheren Partner der Eltern, wenn dieser ein besonders schlimmes Schicksal hatte. Auch wenn ein Kind in die Rolle des Partners für Mutter oder Vater schlüpft, etwa bei einem allein erziehenden Elternteil, bestraft es sich bisweilen dadurch, dass es verrückt wird. Andere Formen der Selbstbestrafung wären der Abstieg ins kriminelle Milieu, Prostitution und Selbstmord.

Auch wenn es mehrere früh Verstorbene in einer Familie gibt, kann jemand verrückt werden. Hellinger erzählte als Beispiel den Fall eines schizophrenen Mädchens. Als in der Aufstellung die früh verstorbene Schwester der Mutter und ein älteres früh verstorbenes Geschwister der Kranken hineingenommen wurden, fühlte sich die Stellvertreterin für die Schizophrene schlagartig wieder normal (AWI: 85)

Meiner Erfahrung nach kann Schizophrenie oder auch die Angst, schizophren zu werden, durch die Solidarisierung mit einem psychotischen Familienmitglied entstehen. Ein Beispiel aus einer Aufstellung mit Papierscheiben: Eine Frau war schwer depressiv und fürchtete, schizophren zu werden. In der Aufstellung wurde deutlich, dass sie mit der psychotischen Schwester ihrer Mutter verbunden war; über sie war nie gesprochen worden. Diese schizophrene Tante brachte sich in einer Psychiatrischen Klinik um. Auch die Mutter der Klientin war wegen psychotischer Schübe des Öfteren in der Psychiatrie gewesen.

Angesichts der Wucht dieses Schicksals kann man nachvollziehen, dass die junge Frau sich kaum traute, »normal« und glücklich zu sein. Indem es ihr selber schlecht ging, zeigte sie ihre Form von Liebe zu jenen Familienmitgliedern, die psychisch auffällig waren. In der Familienaufstellung stellte ich sie neben ihre Mutter und forderte sie auf, sie solle sich vorstellen, dass ihre Mutter sie an die Hand nehme und sich mit ihr gemeinsam vor der schizophrenen Tante verneige. Nach der Verneigung sagte sie der Tante zwei Sätze: »Ich gebe dir die Ehre. Dir zum Andenken mache ich etwas Gutes aus meinem Leben.« Die Klientin weinte und konnte deutlich die segnende Kraft der Tante spüren. Sie konnte auch wieder lächeln.

Nach der Aufstellung berichtete sie mir, dass sie diese Zusammenhänge immer schon geahnt habe. Schon als Kind habe sie sich intensiv mit der Tante und ihrem Schicksal verbunden gefühlt. Da sie noch ein Foto der Tante besaß, ermutigte ich sie, dieses Bild in der Wohnung aufzuhängen. Wenn die Tabuisierten im Familiensystem auf diese Weise wieder ins Blickfeld geraten, können sie zum Segen der Spätergeborenen werden.

Herzbeschwerden

Es sei hier noch einmal an die Aufstellung des Klienten mit den Herzschmerzen[27] erinnert. Die verdrängte Liebe zu dem 30 Jahre nicht gesehenen Sohn machte sich psychosomatisch am Herzen bemerkbar.
Bert Hellinger schrieb einem Klienten mit Herzschmerzen: »Herzschmerzen sind in der Regel Zeichen unterdrückter Zuwendung. Sobald die Zuwendung zum Ausdruck kommt, verschwinden sie wieder.« (FWW: 126) Oft wird die Zuwendung zurückgehalten, weil man befürchtet, sie würde zurückgewiesen oder käme nicht an. Von einer vollen Zuwendung kann man erst sprechen, wenn das Ankommen unwichtig wird: »Das Ankommen kann der Zuwendung nichts hinzufügen, und das Nichtankommen kann ihr nichts nehmen.« (FWW: 126)

[27] Siehe Kapitel »Wie menschliche Beziehungen gelingen«, Unterkapitel »Die Bindung«

Übelkeit

Nach Hellingers Erfahrung steht die Übelkeit oft für unterdrückte Gefühle, insbesondere Schimpfworte. Wenn die meist aus der Vergangenheit stammenden bösen Worte deutlich zum Ausdruck kommen und man sich dabei vorstellt, der Person direkt in die Augen zu sehen, verschwindet die Übelkeit. Übel wird einem auch bei fälliger Schuldzuweisung, vor der man aber ängstlich zurückweicht.

Rückenschmerzen

Abgesehen von somatischen Ursachen, wie zum Beispiel angeborener Wirbelsäulenverkrümmung, lassen sich Rückenschmerzen Hellinger zufolge manchmal einfach heilen. Mit Blick auf den Boden verbeuge man sich tief! Es gilt natürlich herauszufinden, vor wem. Sich verbeugen heißt »Ich gebe dir die Ehre«.

Die heute weit verbreitete Deutung von Rückenschmerzen geht in eine ganz andere Richtung: Jemand habe zu schwer zu tragen oder könne bestimmte Dinge kaum noch ertragen. Wer zu viel auf seine Schultern lade und sich dieses Zuviel nicht bewusst mache, der spüre diesen Druck im Körper als Rücken- oder Bandscheibenschmerz. In solchen Situationen helfe das Nachdenken darüber, was man sich alles aufgeladen habe und warum.

Hellinger teilt diese Sichtweise nicht. Wäre dies die richtige Interpretation, hätten bedeutend weniger Menschen Rückenschmerzen. Seiner Erfahrung nach können sich Rückenschmerzen bessern, wenn man sich vorstellt, dass man sich vor einer bestimmten Person verneigt. Diese Person ist oft der Vater oder die Mutter, manchmal sind es aber auch beide Eltern.

Ein Leser der Erstausgabe dieses Buches schrieb mir: »Nach dem Lesen Ihres Kapitels ›Rückenschmerzen‹ wusste ich sofort, vor wem ich mich verneigen musste. Meine jahrzehntelangen Schmerzen sind jetzt dauerhaft verschwunden!« Bis heute habe ich eine Reihe ähnlicher Rückmeldungen von Lesern erhalten.

Kopfschmerzen und Migräne

Bei Migräne hilft die Vorstellung, dass man sich anderen Menschen zuwendet, besonders der Mutter. Der psychodynamische Hintergrund von Kopfschmerzen und Migräne ist eine »angestaute Liebe«.

Einer Klientin riet Hellinger, sie solle sich mit nach vorn ausgestreckten Armen der geliebten Person zuwenden »und der Liebe zustimmen mit allem, was dazugehört und was das Herz sich wünscht«. (FWW: 125 f.)

In einem Seminar klagte eine Teilnehmerin über starke Kopfschmerzen. Hellinger gab der Frau einige praktische Tipps, die der Leser gerne selbst ausprobieren kann.

»Weißt du, was Kopfschmerzen bedeuten? Angestaute Liebe. Wo muss sie denn hin, die Liebe? Ausatmen ist zum Beispiel schon ein Weg, sie abfließen zu lassen, und freundlich gucken ist auch ein Weg. Ja, schau mal freundlich her! Guten Morgen! (...) Ein anderer Weg ist, sie über die Hände abfließen zu lassen.« (ZG: 288)

Man kann die Hände nach vorne strecken, sie nach oben öffnen und sich vorstellen, wie die Liebe aus ihnen strömt. Im weiteren Gespräch sagte die Frau, dass sie oft das Gefühl habe, ihren Mann nicht gut genug zu lieben. Wenn sie sich aber bewusst vorstelle, an seiner Seite zu stehen, verschwinde dieses Gefühl. Oft scheint die angestaute Liebe dem Partner zu gelten, doch verbirgt sich dahinter nicht selten eine nicht genommene Mutter oder ein nicht genommener Vater.

Neurodermitis

Die Neurodermitis ist eine besondere Form des Ekzems. Die Krankheit stellt sich meist im Kindesalter ein, kann aber auch in anderen Altersgruppen ausbrechen. Es bilden sich handtellergroße oder streifenförmige Herde, die manchmal von einer bräunlichen Zone umgeben sind. Oft sind Gesicht, Hals und Extremitäten betroffen. Der Kranke leidet insbesondere an Juckreiz, Schuppung und Nässen der Haut. In sozialer Hinsicht ist es für den Kranken schlimm, wenn sein Gesicht durch das Ekzem stark gerötet ist.

Bert Hellinger ist der Ansicht, dass der Neurodermitiker häufig den Segen eines früheren Partners von Vater oder Mutter benötigt. Ein Beispiel: Eine Frau war schon lange an Neurodermitis erkrankt. In der Aufstellung wurde sichtbar, dass sie mit der früheren Verlobten des Vaters verbunden war. Der Vater hatte sich mit der Frau verlobt, ohne ihr zu sagen, dass er an einer langwierigen und lebensbedrohlichen Infektionskrankheit litt. Als es zufällig ans Licht kam, fühlte sich die Frau von dem Mann hintergangen. Der Mann überwand seine Krankheit später, doch die Frau trennte sich wegen des Vertrauensmissbrauchs von ihm. Ohne diese Trennung jedoch hätte der Mann nicht seine spätere Ehefrau kennen gelernt, und es wäre auch nicht zur Geburt der Klientin gekommen. Sie hatte ihr Leben auf Kosten der früheren Verlobten. Durch die Nähe zur Verlobten des Vaters war sie für ihn nie Tochter gewesen, sondern er sah in ihr die frühere Frau. Der Mutter gegenüber war die Klientin immer eine Rivalin gewesen, statt Kind sein zu können. Ein halbes Jahr nach der Aufstellung sah ich die Klientin wieder. Ihre Neurodermitis war verschwunden.

Neurodermitis kann natürlich verschiedene systemische Hintergründe haben. Nicht immer geht es um die seelische Verbindung mit einem früheren Partner der Eltern. Ein Beispiel: Eine Frau hatte ein an Neurodermitis erkranktes Kleinkind. Durch ihre intensive Beschäftigung mit der Krankheit des Kindes kam sie von selbst dahinter, dass die Neurodermitis in Zusammenhang mit ihrer Wut auf den Vater des Kindes stand. Sie hatte sich von dem Mann getrennt und war noch böse auf ihn. Je wütender sie auf den Mann war, desto schlechter ging es ihrem Kind. Als sie die unheilvolle Wirkung ihrer Wut erkannte und sich ihrem Teil der Schuld stellte, verschwand die Neurodermitis.

Auch innerhalb einer noch bestehenden Ehe oder Partnerschaft kann die Wut auf den Partner bei einem Kind zuweilen eine Neurodermitis auslösen.

VII
Spiritualität und Religion

Meister Lin-Chi sagte:

Sei ganz, wie du bist,
Und gib dich nicht als etwas Besonderes.
Iss deine Nahrung,
Erleichtere deine Eingeweide,
Gieß Wasser nach,
Zieh deine Kleider an.
Wenn du müde bist,
Leg dich hin.
Unwissende mögen über mich lachen,
Der Weise aber wird mich verstehen.[28]

Friedrich Nietzsches Satz »Gott ist tot« ist für Hellinger keine Behauptung, sondern Nietzsches Beobachtung von etwas Realem. Gott hat sich von den Menschen zurückgezogen. Was früher als wirkende Kraft wahrgenommen werden konnte, ist heute nicht mehr vorhanden. Auch fromme Menschen haben die Erfahrung gemacht, dass Gott sich zurückgezogen hat.

Statt Gott wird eine Leere empfunden. Selbst in den Kirchen können viele seine Anwesenheit nicht mehr spüren. Nach Hellingers Auffassung müsste sich eine wirkliche religiöse Haltung darin bewähren, dass sie sich dem Einzug der Leere stellt. Das wäre der »tiefste vorstellbare religiöse Vollzug überhaupt«. (Podiumsgespräch mit Tilman Moser und Fritz Simon, Heidelberg 1996). Hierzu finden sich in Hellingers Buch »Verdichtetes« einige Aphorismen:

[28] Guntram Colin Goldner: »Zen in der Kunst der Gestalt-Therapie«, Augsburg 1986, S. 44

Der Blick zum Himmel geht ins Leere. (VS: 44)

Gott, so klagen wir,
hat sich aus der Welt zurückgezogen.

Er ist auch aus der Bibel ausgezogen. (VS: 46)

Zum Gott, der sich zurückgezogen hat,
dürfen wir nicht beten. (VS: 46)

Der traditionell religiöse Mensch ist für Hellinger jemand, dem die Abhängigkeit von Kräften bewusst ist, die er nicht lenken kann. Im Angesicht von Geburt und Tod nimmt er eine bestimmte Haltung ein. Bestenfalls, so Hellinger, ist es eine Haltung der Ehrfurcht oder Demut vor dem, was wir nicht verstehen.

Viele religiöse Menschen versuchen durch ihre religiöse Praxis das Hilflos-ausgeliefert-Sein durch Riten, Opfer oder Gebete zu verändern. So können Menschen einerseits ein höheres Wirken anerkennen und es doch andererseits in ihrem Sinne beeinflussen. Hellinger sieht darin einen Widerspruch. »Entartungen der Religion« entstehen an dem Punkt, an dem jemand versucht, das Geheimnis zu begreifen und in den Griff zu bekommen, statt es anzuerkennen. (Hörfunksendung von Bayern 2, 1996)

Hellinger unterscheidet in diesem Zusammenhang eine »natürliche Religion« und eine Religion, die an eine Offenbarung gebunden ist. Offenbarer haben ein besonderes religiöses Erleben, dessen Frucht sie anderen, die dieses Erleben nicht haben, verkünden. Die anderen Menschen müssen dann glauben, statt selbst wahrzunehmen. Der Glaube an einen Offenbarungsgott ist letztlich immer der Glaube an einen Menschen.

Jesus Christus hat nach Hellinger wenig offenbart, aber andere auf Dinge hingewiesen, die sie selber unter bestimmten Umständen wahrnehmen können. Seine Jünger und die Apostel haben sich später an seine Stelle gesetzt. Bei Paulus zum Beispiel hat Hellinger den Eindruck, dass es ihm gar nicht um Jesus ging, sondern um seine eigenen Vorstellungen. Jesus wird dann als *der* Offenbarer dargestellt, doch eigentlich kommt er nicht selber zu Wort. Die »natürliche Religion« setzt sich dagegen dem Geheimnis aus, ohne es ergründen zu wollen.

Der Glaube an einen Offenbarungsgott wird kulturell durch die Familie vermittelt, in die wir hineingeboren werden. In dem Bedürfnis des Kindes, zur Familie zu gehören, teilt es die religiösen Vorstellungen und die religiöse Praxis der Eltern. Wer von diesem Glauben abfällt, manchmal ist das auch ein anderer Glaube oder eine atheistische Einstellung, fällt damit auch von seiner Familie ab. Dies gilt insbesondere dann, wenn die religiöse Einstellung in der Familie einen hohen Stellenwert einnimmt.

Menschen, die von einer Religion abfallen, verspüren ähnliche Schuldgefühle, unabhängig ob sie beispielsweise Mohammedaner oder Christen sind. Das Schuldgefühl hat weniger mit den Inhalten zu tun als mit der systemischen Funktion der Religion. Die Religion dient dazu, bestimmte Gruppen zusammenzuhalten. Mitglied der Gruppe kann nur sein, wer die gleiche Religion teilt. In vielen Gruppen, vor allem in denen, die einer Offenbarungsreligion anhängen, ist das Bekenntnis zum selben Glauben Voraussetzung zum Überleben gewesen. Abtrünnige wurden, zuweilen werden sie es noch heute, nicht nur ausgestoßen, sondern auch getötet. Das Gleiche gilt für Ideologien, die sich wie eine Offenbarungsreligion verhalten, zum Beispiel der Marxismus. Wegen der

Folgen ist sowohl bei ideologischen wie bei religiösen Gruppen der Bekenntniszwang und die Furcht vor dem Abfall groß.
Die Offenbarungsreligion stellt ein Element in der Sozialisation des Menschen dar. Der Mensch glaubt an etwas Überkommenes, um der Gruppe anzugehören, und nicht weil er selbst entdeckt und erfährt. Hellinger bejaht diese Form der Religion als ein Stadium der menschlichen Entwicklung, denn sie bringt nicht nur Leid über den Menschen, sondern vermittelt auch Werte.
Die natürliche Religion oder, wie Hellinger manchmal auch sagt, »der Schöpfungsglaube« umfasst die Zustimmung zur Welt, so wie sie ist. Sie verbindet Menschen, statt sie auszuschließen. Während der Offenbarungsglaube Grenzen aufbaut, existiert beim Schöpfungsglauben keine Ausgrenzung. Wenn jemand Achtung hat vor den Dingen, wie sie sind (Schöpfungsglaube), kann er nicht mehr ausschließlich in seiner Gruppe bleiben. Er muss über die Grenzen seiner Familie und seiner Gruppe hinausgehen und sich für etwas Größeres öffnen. (ZG: 318)
Geebnet wird dieser Weg zur natürlichen Religion durch die über alle Religionsgrenzen hinaus anzutreffende persönliche Frömmigkeit, die die Riten der überkommenen Religion achtet, aber inhaltlich über sie hinauswächst. Die mystischen Strömungen im Islam und im Christentum sind einander so ähnlich, dass die Unterschiede der Ursprungsreligionen zum Beispiel aufgehoben erscheinen. Über die Grenzen der tradierten Glaubenssysteme hinweg gibt es eine persönliche religiöse Erfahrung. Weil diese religiöse Erfahrung jedem zugänglich ist, nennt Hellinger sie »natürliche Religion«. Im Gegensatz zu anderen Religionen gibt es bei der natürlichen Religion keinen Überlegenheitsanspruch gegenüber anderen,

keine Machtansprüche und keine Missionierung, denn hier ist jeder einzeln. Doch steht diese Form am Ende der religiösen Entwicklung des Menschen und ist mit einer hohen persönlichen Leistung verbunden. Insbesondere fordert sie den Verzicht auf die Geborgenheit der Gruppe (Podiumsdiskussion mit Tilman Moser und Fritz Simon, Heidelberg 1996).

Wer auf den tradierten Glauben verzichtet oder areligiös ist, hat nach Hellingers Erfahrung oft ein mitfühlenderes Herz als Menschen, die sich als Esoteriker bezeichnen oder einem bestimmten Glaubensbekenntnis anhängen. Als er in Südafrika gearbeitet hat, wunderte sich Hellinger des Öfteren, »dass Leute, die keinem Glauben anhingen, so gute Leute sein konnten«. (AWI: 44) Zuvor hatte er die Vorstellung gehabt, dass nur der gut sein kann, der einen Glauben besitzt, denn der Glaube halte den Menschen aufrecht und bilde seine moralische Grundhaltung aus. Doch hat er eher das Gegenteil beobachtet.

Religion wird aber auch noch anders erlebt. Aus der Tiefe können zuweilen Einsichten aufsteigen, die etwas Erschreckendes haben: Man spürt eine Berufung, der man folgen muss, ohne den Zusammenhang mit dem Ganzen verstehen zu können.

Diese Erfahrung nennt Hellinger eine »religiöse Erfahrung«. Gegenüber solch einem Erlebnis muss man seiner Meinung nach äußerst zurückhaltend sein. Hält man zwischen der Erfahrung und dem sich dahinter verbergenden Geheimnis einen Abstand und distanziert man sich bis zum Äußersten von seinen Gefühlen und Erlebnissen, kann dem Betreffenden von außen her eine besondere Kraft zufließen. Für Hellinger ist dieser Einklang mit der Welt, wie sie ist, »ganz nah an der Erde« – nicht am Himmel. (Podiumsdiskussion auf dem Psychotherapiekongress 1996 in Wien)

Der Welt zuzustimmen, wie sie ist, zieht Schmerzen nach sich. Wie viel leichter ist es, auszurufen: »Wie kann ein gerechter Gott dieses Unglück zulassen?« Viele Menschen sind nämlich der Meinung, dass Gott, wenn es ihn tatsächlich gibt, ein gerechter Gott sein muss. Aber wer sagt, dass das stimmt? Genau betrachtet ist diese Einstellung nur ein Bedürfnis des Menschen. Das Geheimnis von Gerechtigkeit und Ungerechtigkeit ist vom Menschen nicht zu lösen. Wenn ich mich dem stelle, so Hellinger, »ist die Wirkung, die es auf mich hat, eine viel tiefere, als wenn ich nach dem gerechten Gott rufe und ihn gerecht haben will«. (Hörfunksendung Bayern 2, 1996)

Wenn ich die Kriege, Massenvernichtungen, Flugzeugabstürze, Naturkatastrophen als etwas nehme, das zur Welt gehört, und es nicht als etwas Schlimmes verurteile, sondern mich in diese größeren Zusammenhänge füge, komme ich in eine Lage, in der ich aufhöre zu kämpfen. Auf diese Weise entsteht Einklang mit den Widersprüchen, und man sammelt sich innerlich. Paradoxerweise bietet manchmal gerade dieses Sichfügen die Gelegenheit, in der Welt etwas Gutes zu bewirken.

Die persönliche religiöse Entwicklung beginnt mit der Reinigung überkommener Bilder. Die wichtigsten bildlichen Vorstellungen, die wir von Religionen haben, sind Übertragungen aus menschlichen Erfahrungen. Zum Beispiel schauen wir Gott an wie Kinder einen Vater oder eine Mutter. Wir beten zu diesem Gott und vertrauen ihm, doch gleichzeitig fürchten wir seine übergeordnete Gewalt. Wir fürchten uns auch, Näheres über Gott herauszufinden, denn wir glauben, dass uns das nicht zusteht. Diese Haltung entspricht dem Eltern-Kind-Verhältnis.

Weit verbreitet ist die Vorstellung, man könne mit Gott verhandeln. Es gibt Menschen, die mit Gott einen Bund schließen, wie man auf irdischer Ebene im Wirtschaftsleben einen Vertrag schließt. Sie »zahlen« durch Gebete oder indem sie eine größere Summe Geldes für einen guten Zweck spenden. Dafür erhalten sie von Gott etwas, wie die Genesung von einer schweren Krankheit. Diesem Verhalten dient das schon früher besprochene Muster des menschlichen Austauschs als Vorbild. Auf der Ebene der Paarbeziehung oder der Ebene gleichberechtigter Wirtschaftspartner bedeutet dies: Jeder gibt und jeder nimmt, und dadurch gedeiht die Beziehung. Diese Vorstellungen führen dazu, dass der Tugendhafte zur Belohnung in den Himmel kommt, während dem Sünder nur der Gang in die Hölle bleibt.

Es gibt auch Menschen, die sich Gott gegenüber verhalten wie Eltern zu ihrem Kind. Sie rechnen ihm vor, was er alles falsch macht und was er besser machen müsste.

Eine weitere Übertragung von Menschlichem auf die Beziehung zu Gott ist die in der Mystik verbreitete Vorstellung, dass man mit dem göttlichen Geheimnis in Kontakt tritt, wie das Mann und Frau tun. In Bach-Kantaten findet man Textstellen, in denen der Sopran singt: »Ich lege mich dem Heiland willig unter.« Die »Mystische Hochzeit« und die »Heilige Liebe« ist aber nach menschlichem Vorbild geschaffen.

Nach Hellingers Ansicht sind all diese Übertragungen von Menschlichem auf die Beziehung zu Gott fragwürdig. Der Zugang zum Religiösen gelingt nur – falls er überhaupt gelingen kann –, wenn alle diese Bilder aufgegeben werden. Wer damit Ernst macht, wird auf sich selbst zurückgeworfen. Er bleibt vor dem Geheimnis stehen, ohne es ergründen zu wollen, und dadurch fließt ihm Kraft zu. Für den Umgang mit dem Religiösen hat Hellinger einmal zwei Bilder skizziert. Das eine Bild stellt einen Weg dar: Man geht auf ihm voran, indem man alles Bisherige hinter sich lässt. Das andere Bild

lautet: Es gibt überhaupt keinen Weg, denn alles Wesentliche ist gegenwärtig. (Podiumsdiskussion auf dem Psychotherapiekongress 1996 in Wien) Das letzte Bild mag viele an Vorstellungen aus dem Zen-Buddhismus erinnern.
Sowohl im Zen-Buddhismus als auch auf vielen Wegen der Mystik werden religiöse Erfahrungen sofort hinter sich gelassen, weil sie vorläufig sind. Die Haltung des Mystikers lautet: Ich lasse jede Erfahrung hinter mir zurück und öffne mich für Unbekanntes.
Als Beispiel dafür sei aus dem tibetischen Buddhismus ein berühmter alter Meister zitiert:

Kein Gedanke,
Keine Reflexion,
Keine Analyse,
Keine Absicht:
Lass es sich selber dartun.[29]
von Meister Tilopa

Wenn jemand behauptet, eine religiöse Erfahrung gehabt zu haben, betrachtet Hellinger das mit äußerster Skepsis. In einem Seminar war einmal ein Mann, der an multipler Sklerose litt. Er war dabei, sich von seiner Familie zu lösen. Als junger Mann hatte er einen schweren Autounfall gehabt, bei dem er seinen Körper frei schwebend von oben betrachtet hatte.[30] Er konnte alles sehen, obwohl er bewusstlos war. Für ihn stand außer Frage, dass es sich bei dieser Erfahrung um ein religiöses Erlebnis handelte. Hellinger sagte zu ihm: »Du hast dich geweigert, auf die Erde zurückzukommen. Und die

[29] Alan Watts: »The way of Zen«, New York 1957, S. 20
[30] »Außerkörperliche Erfahrung«

Wirkungen, die das für deine Familie hat, sind schlimm. Du bist völlig abgelöst.« (Podiumsdiskussion auf dem Psychotherapiekongress 1996 in Wien) Für diesen Mann, so Hellinger, wäre die religiöse Handlung gewesen, zu dem ganz gewöhnlichen Tun zurückzukehren.

In Zeiten der Esoterik und des »New Age« ist es verbreitet, der Erfahrung religiöser Erlebnisse nachhelfen zu wollen. Wenn jemand meditiert, weil er spirituelle Erfahrungen machen möchte, wertet er Hellinger zufolge das Spirituelle ab. Er befindet sich im tiefsten Zwiespalt, denn er missachtet etwas, das er erreichen will.

Dennoch spricht Hellinger der Meditation ihre Bedeutung nicht ab. Allerdings verstärkt sie seiner Ansicht nach nicht die spirituelle Haltung, sondern sie kann bei dem, *der mit der Welt schon im Einklang ist,* als etwas Natürliches eintreten, wenn er sich sammeln will. Die Meditation ist nicht der Weg, um in Einklang mit etwas Größerem zu kommen, sondern weil ich im Einklang mit dem Größeren bin, spüre ich zuweilen das Bedürfnis, mich zu sammeln. Dieses Sich-Sammeln ist allerdings nie losgelöst vom Handeln. Es dient zum Beispiel dazu, sich auf etwas Schwieriges vorzubereiten. Durch die Meditation kann mir das zufließen, was ich später zum Handeln benötige. Eine Meditation jedoch, die auf die Leere ausgerichtet ist, schwächt Hellinger zufolge, denn sie hat den Bezug zum gewöhnlichen Handeln verloren. Überall dort, wo sich jemand vom Gewöhnlichen absetzt, etwa im Sinne »Ich wende mich jetzt meiner Erleuchtung zu«, ist Hellinger das verdächtig. Für ihn steckt die Kraft im gewöhnlichen Tun: Was steht in einer Partnerschaft oder Ehe an? Was ist mit den Kindern, beruflichen Dingen? Wenn ich Meditierende anschaue, so Hellinger, »sind viele ganz leicht. Sie haben wenig (seelisches) Gewicht (...) verglichen mit jemandem, der in seiner harten Arbeit steht. Ein Bauer etwa, der morgens seine Kühe füttert und dann aufs Feld geht ... was hat der für ein Gewicht im Vergleich zu einem, der sagt: ›Ich meditiere.‹« (AWI: 66)

»Spirituell« und »esoterisch« sind für Hellinger nicht dasselbe. Das Esoterische ist ausgrenzend, während das Spirituelle in die Weite geht. Ein Esoteriker hält sich in der Regel für besser als andere Menschen, ein spiritueller Mensch dagegen nicht. Der Esoteriker will etwas herausfinden, um damit etwas tun zu können. Damit hebt er sich von den anderen ab und verliert den Kontakt zum gewöhnlichen Handeln des Lebens (AWI: 69). Doch der Zugang zu Tiefe und Weisheit lässt sich nicht erzwingen, er wird ohne jede Anstrengung gefunden.

Bei schwer kranken Menschen erblickt Hellinger in der Hinwendung zur Esoterik oft ein Mittel, das tiefe Leid nicht mehr anschauen oder auch dem Tod nicht mehr ins Auge sehen zu müssen. Wenn jemand der Meinung ist, dass er sich nach überstandener Krankheit aus Dank zu Gott bekennen soll, war die Krankheit und das Leid umsonst. Er bewegt sich weg von der Erfahrung der Todesnähe und dankt stattdessen Shiva, Vishnu oder der Mutter Gottes. Dadurch wird ihm Kraft entzogen. Eine tiefe Spiritualität bewährt sich gerade in einem tabulosen, offenen Umgang mit dem Tod, ohne ihm dabei zu große Bedeutung beizumessen. Es genügt, sich ihm zu stellen, wenn die Zeit gekommen ist.

VIII
Der Umgang mit dem Tod

Das Spirituelle kann nicht vom Tod losgelöst gesehen werden. Die Auseinandersetzung mit dem Thema Tod ist in unserer Kultur mit Ängsten verbunden. Nach Hellinger wird das Leben vom Tod isoliert betrachtet und als ein persönlicher Besitz gesehen, der maximal ausgenutzt werden muss. Doch man kann das Leben auch aus der Perspektive des Todes betrachten. Jeder Mensch wird kurzfristig vom Leben in Anspruch genommen, um bald wieder fallen gelassen zu werden. Am Ende des Lebens kehren wir in etwas zurück, über das sich keine Aussage machen lässt. Verglichen mit dem Sein und der Tiefe, aus der wir durch unsere Eltern gekommen sind, ist die Lebensspanne nur etwas Kleines und Vorübergehendes.
Aus diesem Blickwinkel betrachtet, ist der frühe Tod eines Kindes nichts Schlimmes. Sowohl der Mensch, der mit 85 Jahren stirbt, als auch das Kind, das nur ein Jahr alt wird, fallen beide zurück in jenes Sein, über das wir nichts wissen. Auf dieser Ebene sind sie gleich.
Unser tägliches Leben erhält Kraft, wenn wir es im Angesicht der Vergänglichkeit führen. Die Zeit, die man bis zum Tod hat, kann man als ein Geschenk betrachten. Mit dieser Einstellung lässt sich die Lebenszeit ganz anders ausfüllen, als wenn man sein Leben gegen den Tod durchsetzen will, als sei er uns feindlich gesinnt. Wenn wir ihn als Freund begreifen, blicken wir mit Gelassenheit auf die Vergänglichkeit. (SBK: 69) Mit dieser Einstellung können wir auch dem Tod in der eigenen Familie besser begegnen. Stirbt ein geliebter Mensch, ist es wichtig, dass er einen Platz in unserem Herzen bekommt. Die Würdigung des Toten hat eine gute Wirkung auf alle Mitglieder der Familie.
Die Ablösung kann gelingen, wenn wir den tiefen Abschiedsschmerz zulassen, statt ihm auszuweichen. Fliehen wir vor

dem Schmerz, bleiben wir mit dem Toten tief verbunden und versäumen zu leben. Dazu ein Beispiel: Einer Frau war vor 20 Jahren der Mann gestorben, doch es schien, als sei der Tod des Mannes erst gestern eingetreten. Wenn sie von ihrem Mann erzählte, rannen ihr sogleich Tränen über die Wangen. Dem wirklich tiefen Schmerz ist diese Frau immer ausgewichen. Selbst das Zimmer des Toten blieb in allen Einzelheiten unverändert. Sie hatte den Tod ihres Mannes nicht angenommen. Es lässt sich nachvollziehen, dass die Frau keine neue Ehe oder Partnerschaft mehr eingegangen ist. Doch eine solche »Solidarität« nutzt weder dem Toten noch dem Lebenden.

Ein anderes Beispiel: Eine Frau, die schon auf die vierzig zuging, hatte noch nie sexuellen Kontakt mit einem Mann gehabt. Als sie ein Teenager gewesen war, starb ihr innig geliebter Vater an einer schweren Krankheit. Damals weigerte sie sich, mit zur Beerdigung zu gehen. Sie wollte den Leichnam nicht sehen, weil sie glaubte, den Anblick nicht ertragen zu können. Dadurch hatte sie die Chance verpasst, Abschied zu nehmen. Auch in den Jahren danach war sie kein einziges Mal auf dem Friedhof gewesen. Zwar genügte nach so langer Zeit die Erwähnung des Wortes »Vater«, um heftiges Weinen hervorzurufen, doch handelte es sich nur um eine »sekundäre Trauer«. Dieses Weinen stärkt nicht, sondern es schwächt. Die Frau vermochte nicht den Satz zu sagen: »Du bist tot, lieber Vater, ich lebe noch eine Weile, dann sterbe ich auch.« »Das Wort ›tot‹ kann ich nicht aussprechen«, widersprach sie heftig. In der Tat: Nach so langer Zeit war für sie der Vater immer noch nicht im Grab. Sie lebte in Gedanken mit ihm, wie mit einem Lebenden, und es kann nicht wundern, dass kein anderer Mann eine Chance hatte. Zu einem späteren Zeitpunkt schaffte sie es, den Satz zu sagen und den damit verbundenen Schmerz zu fühlen. Emotional war sie tief betroffen, dass ihr Vater sich in der Aufstellung über ihre Art der Solidarität keineswegs freute.

Noch im frühen Mittelalter überließen sich die Menschen einer spontanen schmerzvollen Trauer. Was über Karl den Großen berichtet wurde, kann als typisch für die damalige Zeit angesehen werden. Als der Kaiser zum Schlachtfeld in Roncevaux kam, konnte er sich der Tränen nicht erwehren. Als er seinen toten Neffen sah, »bebte er vor Schmerz«. Er stieg vom Pferd, umarmte den Leichnam, so fest er konnte, und brach dann über der Leiche zusammen. Als er wieder zu sich kam, überließ er sich »den leidenschaftlichen Gebärden des Schmerzes«.[31] Auch die anwesenden Soldaten fingen laut an zu weinen und schluchzten.

In anderen Trauerberichten aus jener Zeit ist die Rede, dass der Trauernde den Toten »mit aller Kraft an die eigene Brust drückt«. Dadurch kam er in Kontakt mit dem Schmerz, der ihm half – wie es ein schönes deutsches Wort ausdrückt – den Tod zu »verschmerzen«.

Wie wichtig die unmittelbare Kontaktnahme mit dem Leichnam für den Trauerprozess ist, zeigen die Erfahrungen eines amerikanischen Beerdigungsunternehmers. Er hatte durch die Erlebnisse bei der Beerdigung des eigenen Vaters erfahren, dass sein Berufsstand alles Erdenkliche tut, um den Hinterbliebenen vor seiner eigenen Trauer zu schützen. Er kam zu dem Schluss, dass seine bisherige Arbeit den Trauernden mehr geschadet als genutzt hat.[32]

Nach der Beerdigung seines Vaters übte der Mann seinen

[31] Philippe Aries: »Geschichte des Todes«, München 1995, S. 184

[32] Roy und Jane Nichols: »Begräbnisse – eine Zeit der Trauer und Reife«, in: Elisabeth Kübler-Ross: »Reif werden zum Tode«, Stuttgart 1989, S. 84 ff.

Beruf völlig anders aus. Er nahm den Hinterbliebenen nur noch das Allernötigste ab und ermutigte sie, so aktiv wie möglich bei der Beisetzung zu helfen. Gerade dadurch wird jener tiefe Schmerz fühlbar, der die Seele heilt und ein gutes Weiterleben ermöglicht. Zum Beispiel ermunterte der Beerdigungsunternehmer die Trauernden, den toten Körper im Sarg mit den eigenen Händen zu berühren oder doch zumindest die Leiche anzuschauen. Dadurch können wir die Realität des Todes buchstäblich »begreifen«. Wer dem Tod auf diese Weise ins Auge schaut, der kann ihn erleben.
Wenn die Trauer eines Hinterbliebenen nicht enden will, so Hellinger, ist er dem Verstorbenen oft noch böse. Dann hilft der Satz: »Ich achte dein Leben und deinen Tod.« Manchmal kommt es auch vor, dass jemand die nicht gelebte Trauer eines anderen Familienmitgliedes übernimmt, oder er schuldet dem Toten noch etwas.
Zum Ausklang dieses Kapitels sei eine Geschichte Bert Hellingers über den Tod wiedergegeben.

Der Gast

Irgendwo, weit weg von hier, dort, wo einmal der Wilde Westen war, wandert einer mit dem Rucksack auf dem Rücken durch weites, menschenleeres Land. Nach stundenlangem Marsch – die Sonne steht schon hoch und sein Durst wird groß – sieht er am Horizont ein Farmhaus. »Gott sei Dank«, denkt er, »endlich wieder mal ein Mensch in dieser Einsamkeit. Bei ihm kehre ich ein, bitte ihn um etwas zu trinken, und vielleicht setzen wir uns noch auf die Veranda und unterhalten uns, bevor ich wieder weiterziehe.« Und er malt sich aus, wie schön es sein wird.

Als er aber näher kommt, sieht er, wie der Farmer sich im Garten vor dem Haus zu schaffen macht, und ihn befallen erste Zweifel: »Wahrscheinlich hat er viel zu tun, und wenn ich sage, was ich möchte, falle ich ihm lästig; er könnte meinen, ich sei unverschämt ...« Als er dann an die Gartentüre kommt, winkt er dem Farmer nur und geht vorbei.

Der Farmer seinerseits sah ihn schon von ferne, und er freute sich. »Gott sei Dank! Endlich wieder mal ein Mensch in dieser Einsamkeit. Hoffentlich kommt er zu mir. Dann werden wir zusammen etwas trinken. Und vielleicht setzen wir uns noch auf die Veranda und unterhalten uns, bevor er wieder weiterzieht.« Und er ging ins Haus, um Getränke kalt zu stellen.

Als er den Fremden aber näher kommen sah, begann auch er zu zweifeln. »Er hat es sicher eilig, und wenn ich sage, was ich möchte, falle ich ihm lästig; und er könnte meinen, ich dränge mich ihm auf. Doch vielleicht ist er durstig und will von sich aus zu mir kommen. Am besten ist, ich gehe in den Garten vor dem Haus und tue so, als ob ich mir zu schaffen mache. Dort muss er mich ja sehen, und wenn er wirklich zu mir will, wird er es schon sagen.« Als dann der andere nur herüberwinkte und seines Weges weiterzog, sagte er: »Wie schade!«

Der Fremde aber wandert weiter. Die Sonne steigt noch höher, und sein Durst wird größer, und es dauert Stunden, bis er am Horizont ein anderes Farmhaus sieht. Er sagt sich: »Diesmal kehre ich bei dem Farmer ein, ob ich ihm lästig falle oder nicht. Ich habe solchen Durst, ich brauche etwas zu trinken.«

Doch auch der Farmer sah ihn schon von ferne und dachte: »Der kommt doch hoffentlich nicht zu mir. Das fehlte mir gerade noch. Ich habe viel zu tun und kann mich nicht auch noch um andere Leute kümmern.« Und er machte mit der Arbeit weiter, ohne aufzublicken.

Der Fremde aber sah ihn auf dem Feld, ging auf ihn zu und sagte: »Ich habe großen Durst. Bitte gib mir zu trinken.« Der Farmer dachte: »Abweisen darf ich ihn jetzt nicht, schließlich bin ich auch ein Mensch.« Er führte ihn zu seinem Haus und brachte ihm zu trinken.

Der Fremde sagte: »Ich habe deinen Garten angeschaut. Man sieht, hier war ein Wissender am Werk, der Pflanzen liebt und weiß, was sie brauchen.« Der Farmer freute sich und sagte: »Ich sehe, auch du verstehst etwas davon.« Er setzte sich, und sie unterhielten sich lange.

Dann stand der Fremde auf und sagte: »Jetzt ist es Zeit für mich zu gehen.« Der Farmer aber wehrte ab. »Schau«, sagte er, »die Sonne steht schon tief. Bleib diese Nacht bei mir. Dann setzen wir uns auf die Veranda und unterhalten uns, bevor du morgen weiterziehst.« Und der Fremde stimmte zu. Am Abend saßen sie auf der Veranda, und das weite Land lag wie verklärt im späten Licht. Als es dann dunkel war, begann der Fremde zu erzählen, wie sich für ihn die Welt verändert habe, seitdem er innewurde, dass ihn auf Schritt und Tritt ein anderer begleite. Erst habe er es nicht geglaubt, dass einer dauernd mit ihm ging. Dass, wenn er stehen blieb, der andere stand, und wenn er aufbrach, der andere sich mit erhob. Und er brauchte Zeit, bis er begriff, wer dieser sein Begleiter sei. »Mein ständiger Begleiter«, sagte er, »das ist mein Tod. Ich habe mich so sehr an ihn gewöhnt, dass ich ihn nicht mehr missen will. Er ist mein treuester, mein bester Freund. Wenn ich nicht weiß, was richtig ist und wie es weitergehen soll, dann halte ich ein Weilchen still und bitte ihn um eine Antwort. Ich setze mich ihm aus als Ganzes, gleichsam mit meiner größten Fläche; weiß, er ist dort, und ich bin hier. Und ohne dass ich mich an Wünsche hänge, warte ich, bis mir von ihm zu mir ein Hinweis kommt. Wenn ich gesammelt bin und mich ihm mutig stelle, kommt mir nach einer Zeit von ihm zu mir ein Wort, wie wenn ein Blitz, was dunkel war, erhellt – und ich bin klar.«

Dem Farmer war die Rede fremd, und er blickte lange schweigend in die Nacht. Dann sah auch er, wer ihn begleitet, seinen Tod – und er verbeugte sich vor ihm. Ihm war, als sei, was ihm von seinem Leben blieb, verwandelt. Kostbar wie Liebe, die um Abschied weiß, und wie die Liebe bis zum Rande voll.

Am nächsten Morgen aßen sie zusammen, und der Farmer sagte: »Auch wenn du gehst, bleibt mir ein Freund.« Dann traten sie ins Freie und reichten sich die Hand. Der Fremde ging seines Weges und der Farmer auf sein Feld. (MFL: 67)

Anhang I

Bert Hellingers Weg zur Familienaufstellung

Bert Hellinger wurde im Jahr 1925 geboren. Er hat zunächst Philosophie, Theologie und Pädagogik studiert. Seine religiöse Einstellung bewegte ihn, einem Orden beizutreten und später als Missionar nach Südafrika zu gehen. Die Tätigkeit als Missionar und Seelsorger hat Hellinger tief geprägt. Für ihn war es eine Zeit von intensiver Arbeit und viel Disziplin. Als er zu Beginn der siebziger Jahre den Orden verließ und sich der Psychotherapie zuwandte, bedeutete das für ihn keinen Bruch, sondern eine Weiterentwicklung. Weder bei ihm selbst noch auf Seiten des Ordens gab es Widerstände dagegen. Hellinger denkt mit positiven Gefühlen an die damalige Zeit zurück und hat auch heute noch Kontakt zu seinen dortigen Freunden. Er sagt: »Ich kann achten, was ich dort bekommen habe, und ich kann auch achten, was dort geleistet wurde.« Sein langjähriger Aufenthalt bei den Zulus lehrte ihn gegenseitigen Respekt und Geduld. Bei den Zulus ist es selbstverständlich, dass man den anderen nicht bloßstellt. Beeindruckt war er auch davon, wie man dort mit Kindern umgeht und wie natürlich und selbstverständlich die Eltern ihre Autorität den Kindern gegenüber zur Geltung bringen. Genauso selbstverständlich ist es bei den Zulus, dass die Kinder ihre Eltern achten. Hellinger hat kein einziges Mal gehört, dass jemand abfällig über seine Eltern gesprochen hat.

Bevor Hellinger nach Deutschland zurückkehrte, hatte er in Südafrika Erfahrungen mit Trainern gemacht, die in Gruppendynamik ausgebildet waren. Sie hatten ihre Ausbildung in den USA erhalten und boten Kurse für kirchliche Mitarbeiter an. Die Erfahrungen aus diesen Seminaren konnte Hellinger im Schulwesen direkt anwenden. An Psychotherapie hatte er damals noch nicht gedacht.

Eine wichtige Erfahrung in Europa war das erste Gestalttherapieseminar, das Ruth Cohn in Deutschland geleitet hatte.

Auf dem so genannten »heißen Stuhl« traf er eine Entscheidung, die sein späteres Leben bestimmte.
Danach entschloss sich Hellinger zu einer psychoanalytischen Ausbildung in Wien. Zu jener Zeit stieß er auf Arthur Janovs Buch »The primal scream« (Der Urschrei). Janov geht an die zentralen Gefühle direkt heran, wovon Hellinger tief beeindruckt war. Er hat einiges davon in seinen gruppendynamischen Seminaren ausprobiert und schließlich beschlossen, sich nach der Ausbildung als Psychoanalytiker bei Janov in den USA einer Primärtherapie zu unterziehen. Nachdem er dort neun Monate gelernt hatte, können ihn bis heute starke Gefühlsausbrüche nicht mehr aus der Ruhe bringen.
Doch bald entdeckte Hellinger Schwächen bei der Primärtherapie. Nach seiner Wahrnehmung lassen sich Therapeuten und Klienten oft nur noch von Gefühlen leiten, was Lösungen unmöglich macht. Zum Wertvollen, das Hellinger von der Primärtherapie behalten hat, gehört sein Umgang mit den Teilnehmern in Gruppen. Keinem ist es gestattet, Kommentare über die Prozesse von anderen zu machen. Für eigene Gefühlsäußerungen erhält man von anderen keine Resonanz. Auf diese Weise muss man sich mit sich selber auseinander setzen. Meist nämlich ist das Kommentieren nur ein Ablenken von der eigenen psychischen Situation.
Später hat Hellinger bemerkt, dass die intensiven Gefühle, die in der Primärtherapie zu Tage treten, fast alles Gefühle sind, die Mutter oder Vater gelten, genauer gesagt: der Urliebe zu Mutter und Vater. Trauer und Wut dienen häufig nur der Abwehr des Schmerzes, der durch eine unterbrochene Hinbewegung in der Kindheit entstanden ist.[33] Manchmal schreibt

[33] Siehe Kapitel »Eltern und Kinder«/Unterkapitel »Die unterbrochene Hinbewegung«

man jemand die Gefühle, die er zeigt, als persönliche Gefühle zu. Damit wird man dem Klienten jedoch nicht gerecht. Hellinger erinnert sich an eine Klientin, mit der er Primärtherapie gemacht hatte. Sie zeigte Gefühle, die ihm nicht nachvollziehbar waren. Erst aus einer späteren Perspektive verstand er, dass die seltsamen Gefühle dieser Frau nicht ihre eigenen waren, sondern von jemand anderem im Familiensystem übernommen worden waren.

In jener Zeit der Auseinandersetzung mit Janovs Urschreitherapie kam Hellinger in Kontakt mit der Transaktionsanalyse. Ein Schlüsselerlebnis für die Entwicklung seiner späteren Form der Familienaufstellungen war die Lektüre von Eric Bernes »Was sagst du, wenn du Guten Tag gesagt hast?«. In Bernes Arbeit geht es vor allem um die Suche nach den Skriptgeschichten der Klienten. Dieses Muster kann man herausfinden, wenn man den Klienten nach der bevorzugten Oper oder dem favorisierten Roman, Film, Comic, Märchen oder Mythos fragt, der ihn in frühester Kindheit beeindruckt hat, und einer zweiten Geschichte, die ihn heute beschäftigt. Wenn man diese beiden Geschichten vergleicht, findet man häufig gemeinsame Elemente, die auf den verborgenen Lebensplan hinweisen. Nach Eric Berne haben diese Skriptgeschichten ihre Wurzeln in den verbalen und nonverbalen Botschaften, die Eltern ihren Kindern geben.

Hellinger fand bald heraus, dass man diese Skriptgeschichten nicht alle mit den Botschaften der Eltern in Verbindung bringen kann. Andere Skripts gehen zurück auf Ereignisse, die im Familiensystem geschehen sind, zum Beispiel der Selbstmord einer Schwester der Mutter, der tabuisiert worden ist. Hellinger fügte somit der Berne'schen Sichtweise eine »Mehrgenerationenperspektive« hinzu. Nach längerer Erfahrung mit dieser Arbeit fand Hellinger heraus, nach welchen Gesetzmäßigkeiten es im Familiensystem zur Identifizierung mit früheren Ereignissen und Schicksalen kommt. Seiner Ansicht nach sind die meisten Probleme, mit denen Menschen in die Psychotherapie kommen, nicht entwicklungspsychologisch, sondern systemisch bedingt. Viele Probleme gehen somit nicht zurück auf eigenes Erleben, sondern auf die Identifizierung mit vergangenem fremden Schicksal.

Hier einige Beispiele für bestimmte Skriptgeschichten. Bei dem Märchen »Hans im Glück« hat oft ein Großvater sein Vermögen verloren. Man kann den Opa innerlich bitten: »Bitte segne mich, wenn ich es behalte.« Bei dem Märchen »Der Wolf und die sieben Geißlein« sagt die Mutter zu den Kindern: »Hütet euch vor dem bösen Papa!«

»Rotkäppchen« stellt die Verführung des Kindes durch den Vater der Mutter dar. In der Praxis kann es sich auch um einen anderen älteren Verwandten handeln. »Sterntaler« und »Der fliegende Robert« sind häufig die Skriptgeschichten von Magersüchtigen. In »Dornröschen« geht es um die vom König nicht eingeladene Fee, die systemisch wahrscheinlich eine von ihm nicht gewürdigte frühere Frau darstellt, die vom Kind vertreten wird.

Das Märchen vom »Rumpelstilzchen« ist weniger eine systemische Geschichte als ein Trauma-Skript. Das Märchen schildert die Erfahrung, keine Mutter zu haben und vom Vater weggegeben worden zu sein. In der nächsten Generation gibt dann oft die Tochter ihren Sohn weg. Wenn jemand diese Skriptgeschichte angibt, kann man ihn fragen, ob er oder ein anderes Kind in der Familie weggegeben worden ist. Möglicherweise kommt heraus, dass er sich wie dieses weggegebene Kind fühlt.

Ein Beispiel für ein Stück aus der Weltliteratur: Bei Goethes »Faust« geht es, zumindest wenn es die Skriptgeschichte einer

Frau ist, um die Frage: »Welcher Mann hat welche Frau hereingelegt?«

Nach Hellingers Erfahrung ist eine Geschichte, wenn sie für jemanden ein Skript ist, wörtlich zu nehmen. Ein Seminarteilnehmer gab als Skript den mythischen Helden Odysseus an. Der Mann hatte eine Freundin, deren Vater ihm ein Boot gegeben hatte. Mit diesem Boot verließ er die Freundin wie Odysseus die geliebte Nymphe Calypso und segelte nach Afrika.

Ein anderer Seminarteilnehmer war schon immer von Othello begeistert. Doch Othellos Geschichte kann man als kleines Kind noch nicht erlebt haben, und Hellinger fragte den Mann: »Welcher Mann aus deiner Familie hat aus Eifersucht jemanden umgebracht?« (OL: 499) Es war der Großvater gewesen. Nachdem seine Frau ihm untreu gewesen war, hatte er ihren Liebhaber erschossen. Seit dieser Zeit stellt sich Hellinger bei Skriptgeschichten immer die Frage, ob sie sich auf persönliche Erlebnisse beziehen, zum Beispiel auf Kindheitstraumata wie beim »Rumpelstilzchen«, oder auf Erlebnisse anderer Familienangehöriger.

Auch Hellingers Sicht von Träumen hat sich durch die Arbeit mit Skriptgeschichten verändert. Albträume oder andere Träume haben manchmal einen Bezug zu Erlebnissen, die ein Familienmitglied gehabt hat. In der Jung'schen Psychoanalyse werden Traumfiguren, wie zum Beispiel ein Mörder oder eine andere negativ besetzte Figur, der eigenen Person zugeordnet. Man spricht hier vom »Schattenaspekt«, den der Traum deutlich macht. Der Schatten repräsentiert gut verborgene negative Anteile der eigenen Psyche.

Dass es ganz andere Deutungsmöglichkeiten gibt, wurde mir in einem Traumseminar klar. Ein depressiver und selbstmordgefährdeter Teilnehmer erzählte von Albträumen, die ihn schon seit vielen Jahren plagten. Meist sah er zwei oder drei Männer, die an einem Galgen baumelten. Auch in seinem letzten Traum kurz vor Seminarbeginn träumte er, dass er einen Galgen besteigen müsse, an dem schon drei tote Männer hingen. Er hatte ein Messer in der Hand, mit dem er die Leichen abschneiden wollte. Es war im Traum ein sowohl psychisch als auch physisch anstrengendes Unterfangen, den Galgen erklettern zu müssen. Nichts, so sagte er, sei ihm im Traum so wichtig gewesen, wie diese Leichen endlich »zu befreien«.

Beim Hochkletttern sah er zu seinem Erstaunen in einiger Entfernung seinen Psychoanalytiker, der ihm zusah. Der Mann sah den Analytiker an und sagte zu sich selber: »Er ist ein Versager!« Schließlich rief er dem Analytiker zu: »Du kannst mir nicht helfen!« Kurz bevor er nah genug an die Leichen herangekommen war, um sie abschneiden zu können, erwachte der Mann schweißgebadet im Bett.

Auf mein Nachfragen erzählte der Mann, dass sich in seiner Familie eine Reihe von Männern umgebracht hatten. Sein Psychoanalytiker, zu dem er schon seit mehreren Jahren regelmäßig ging, hatte immer wieder versucht, den Albtraum mit den Leichen auf der personalen Ebene zu deuten. Doch mit den Kindheitserlebnissen des Mannes waren diese Träume einfach nicht zu erklären. Der Mann selber hatte dem Analytiker in der psychotherapeutischen Sitzung gesagt, dass die Ursache wohl eine andere sein müsse, als dieser annehme, denn es gehe ihm immer noch schlecht. Der Psychoanalytiker beharrte weiter auf seiner Deutung. In dem Traum des Mannes wurde nun deutlich gezeigt, dass die Sichtweise des Analytikers in diesem Falle wenig hilfreich war. Bei dem Klienten ging es um die Würdigung der Selbstmörder im Familiensystem. Dieses Beispiel zeigt anschaulich, wie Hel-

lingers systemische Sichtweise vielen psychotherapeutischen Methoden aus verfahrenen Situationen heraushelfen kann.
Ein weiteres Puzzlestück auf Hellingers Weg zum Familienstellen war die Lektüre von Boszormenyi Nagys Buch »Unsichtbare Bindungen«. In diesem Buch wird die Idee des Ausgleichs in Familiensystemen beschrieben, wie man ihn über mehrere Generationen hinweg beobachten kann. Anschließend hat sich Hellinger mit der in den siebziger Jahren immer bedeutender werdenden Familientherapie beschäftigt. Er besuchte ein Seminar bei Ruth McClendon und Les Kadis. Später hat er Familienaufstellungen bei Thea Schönfelder beigewohnt. Beim Schreiben eines Vortrags über »Schuld und Unschuld in Systemen« ist ihm plötzlich aufgefallen, dass es eine Ursprungsordnung gibt: Das Frühere hat Vorrang vor dem Späteren. Danach begann Hellinger mit der von ihm entwickelten Form von Familienaufstellungen.
Zu der Hellinger eigenen Art des Arbeitens gehört das Erzählen von Geschichten. Wenn es in der Arbeit mit dem Klienten eine Blockade gibt, erzählt er gerne eine humorvolle oder nachdenklich stimmende Geschichte. Durch die Erzählung hat der Klient nicht mehr direkt mit Hellinger zu tun, sondern mit den Personen der Handlung. Dieser größere Abstand zum Therapeuten kann manchmal im Klienten etwas in Bewegung bringen. Zuweilen erzählt Hellinger Geschichten gar nicht direkt an den Klienten gerichtet, sondern einem Dritten. Diese indirekte Arbeitsweise geht, genau wie das Geschichtenerzählen, auf den Einfluss des amerikanischen Hypnotherapeuten Milton Erickson zurück.
Erickson erkannte den Menschen so an, wie er ist. Als Hypnotherapeut war Erickson sehr sensibel in seiner Wahrnehmung. Er verstand die unscheinbarsten Körpersignale eines Menschen. Manche haben es vielleicht schon im Alltag

erlebt, dass jemand eine Frage mit Ja beantwortet, während der Kopf mit leichtem Schütteln ein Nein signalisiert. Das Unbewusste denkt nämlich des Öfteren ganz anders als das Bewusstsein. Ericksons Fähigkeiten im Erkennen der Sprache des Unbewussten haben legendären Ruf. So hatte er zum Beispiel durch längeres Beobachten einer Frau festgestellt, dass sich in ihrer Gestik und in ihrem Gang minimal etwas verändert hatte: Er beglückwünschte sie zu ihrer Schwangerschaft. Die Frau war völlig erstaunt, denn sie fühlte sich nicht schwanger. Ein Arztbesuch jedoch bestätigte Ericksons Wahrnehmung. Einen Transvestiten erkannte Erickson einmal daran, dass er einen Fussel anders vom Ärmel bürstete, als das Frauen gewöhnlich tun; er drehte seinen Ellenbogen nicht außen herum.[34]

Hellinger hat von Jeffrey Zeig, Stephen Lankton und anderen Schülern Milton Ericksons gelernt, auf diese minimalen Körpersignale zu achten. Diese Körpersignale stehen nicht selten in krassem Gegensatz zur bewussten Aussage des Klienten. Wenn Hellinger zum Beispiel einen Krebskranken fragt, ob er noch Hoffnung habe, verlässt er sich weniger auf die verbale Antwort, die natürlich häufig »ja« lautet, sondern auf die nonverbale: Wenn das Ja ohne Kraft gesagt wird und der Gesichtsausdruck Resignation widerspiegelt, ist dies die wichtigere Information. Die verblüffende Sicherheit, die Bert Hellinger während seiner Familienaufstellungen als Therapeut zeigt, hat vor allem mit der Treffsicherheit seiner gleichzeitig distanzierten und doch auch liebevoll anteilnehmenden Wahrnehmung zu tun.

[34] Jeffrey Zeig: »Die Weisheit des Unbewussten – Hypnotherapeutische Lektionen bei Milton H. Erickson«, Heidelberg 1995, S. 195

Anhang II

Familienaufstellung

»Lieber gehe ich als du, liebe Mama!«

Beispiel einer Klientin mit langjährigem Diabetes und kürzlich diagnostizierter multipler Sklerose[35]

Bert Hellinger fragt im Publikum, ob ein Schwerkranker seine Familie aufstellen möchte. Es meldet sich eine Frau, die seit ihrer Jugend an Diabetes leidet und bei der vor kurzem multiple Sklerose diagnostiziert worden ist. Die Frau kommt auf die Bühne und setzt sich neben Bert Hellinger.[36]

H.: »Bist du verheiratet?«
Brigitte: »Nein.«
H.: »Kinder?«
Brigitte: »Nein.«
H.: »Ist etwas Besonderes passiert in deiner Herkunftsfamilie?«
Brigitte: »Mein Vater ist gestorben, als ich fünf Jahre alt war. *(Pause)* Sonst wüsste ich nichts.«
H.: »Gut. Ich stell' jetzt deine Herkunftsfamilie auf. Dazu gehören dein Vater, deine Mutter und – wie viel Geschwister?«
Brigitte: »Ein Bruder.«
H.: »Du bist das wievielte Kind?«
Brigitte: »Das zweite.«
H.: »War jemand von den Eltern vorher in einer festen Bindung?«
Brigitte: »Nicht dass ich wüsste.«

[35] Diese Aufstellung wurde von Bert Hellinger durchgeführt und bislang in Buchform noch nicht veröffentlicht.

[36] Der Frau wurde der fiktive Name Brigitte gegeben. Bert Hellinger wurde mit »H.« abgekürzt.

H.: »Gut. Dann stellen wir diese vier Personen auf. – Hast du schon einmal eine Familienaufstellung gesehen?«
Brigitte: »Nein. Eigentlich nicht. *(Nach einigem Zögern)* Gestern Nachmittag habe ich eine gesehen.«
H.: »Du wählst jetzt aus dem Publikum jemand aus für deinen Vater, jemand für deine Mutter, jemand für deinen Bruder und jemand für dich. Sie kommen dann hierher auf die Bühne, und dann stellst du sie auf. So, nun wähle aus!«
H. *(Nachdem Brigitte zögernd vor dem Publikum steht und sich nicht entscheiden kann):* »Es ist egal, wen du nimmst.«
H. *(Nachdem alle Stellvertreter ausgewählt worden sind und auf der Bühne stehen):* »Ich will dir sagen, wie man's macht. Du nimmst jeden mit beiden Händen an der Schulter und schiebst ihn an seinen Platz *(Hellinger demonstriert es)* – genau dahin, wo du meinst, dass er hin muss. Ja? Und du machst das in einer gesammelten Weise.«
H. *(zu den Stellvertretern)*: »Und ihr lasst euch einfach so bewegen, und ihr achtet auf das innere Gefühl, das entsteht und wie es sich verändert. Anschließend frage ich danach. – Jetzt braucht ihr nichts zu sagen, und du *(an Brigitte gewandt)* sagst jetzt auch nichts. Ja? Fang an!«

1. Bild:

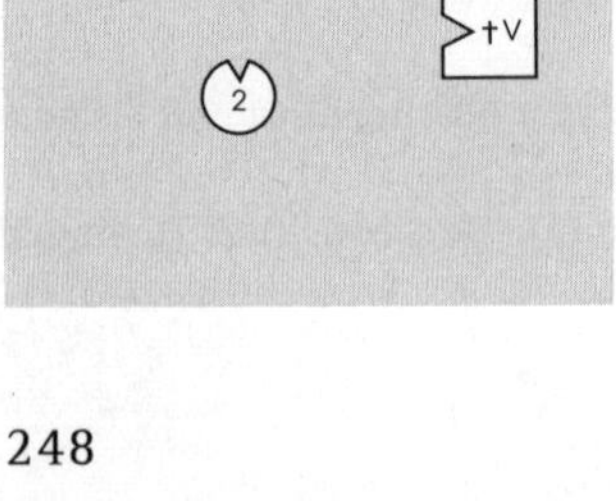

In den bildlichen Darstellungen werden die Männer mit einem Viereck gekennzeichnet und die Frauen mit einem Kreis. Die Einkerbung der Symbole zeigt die Blickrichtung an.
V † = Vater verstorben / M = Mutter / 1 = 1. Kind (Bruder) 2 = 2. Kind (Klientin Brigitte) / MM = Mutter der Mutter / BM † = Bruder der Mutter, jung an Diphtherie gestorben

H. *(zum Publikum):* »Das ist eine merkwürdige Aufstellung. Und wenn man bedenkt, dass das eine Familie ist: Nach was sind die ausgerichtet? Das ist die erste Frage, die sich jetzt stellt. Ich frage aber erst einmal ab, wie es den Einzelnen geht.«

H. *(geht zum Stellvertreter des Vaters):* »Wie geht es dem Vater?«

V.: »Ordentlich.« *(Lachen im Saal)*

H.: »Was heißt das?«

V.: »Etwas abgewandt.«

H.: »Und wie ist das Gefühl?«

V. *(nach einigem Zögern):* »Gut.«

H. *(zur Mutter):* »Wie geht es der Mutter?«

M.: »Ich fühle mich von den Kindern, besonders von dem Sohn, getrennt. Er schaut in eine andere Richtung. – Der Mann ist für mich spürbar, *(nach kurzer Pause)* aber er ist wenig spürbar. Die Tochter seh ich nur aus dem Augenwinkel.«

H. *(zum Bruder):* »Wie geht es dem Bruder?«

(1): »Ich fühle mich hier ziemlich alleine. Ich sehe meine Familie nicht und habe nur das Gefühl, dass irgendwer im Rücken steht.«

H. *(zur Tochter):* »Wie geht's der Tochter?«

(2): »Der erste Blick, den ich mit der Mutter hatte, war mir unangenehm. Ich hatte das Gefühl, ich muss meinen Blick abwenden. Und ich habe das Gefühl, ich hätte hier *(zeigt in die entgegengesetzte Richtung)* die Möglichkeit, abzuhauen. *(Nach einer Pause)* Ich merke auch, dass ich unruhig bin.«

H. *(indem er den Vater am Arm nimmt):* »Der Vater ist früh gestorben. Ich stelle ihn jetzt mal in den Blick.« *(Hellinger stellt den Vater vor den Sohn)*

2. Bild:

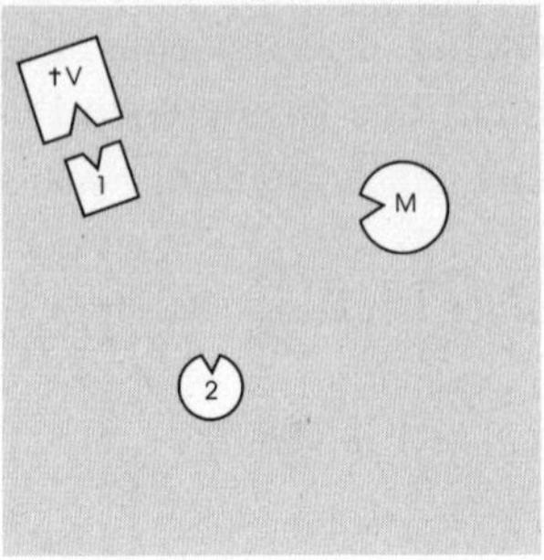

H. *(zum Vater):* »Wie geht es dir da?«
V.: »Gut. Ich sehe alles und habe alles vor mir. Es ist befriedigend.«
H. *(zum Sohn):* »Wie geht es dem Sohn jetzt?«
(1): »Es geht besser. Ich sehe den Vater. Es ist ein besseres Gefühl als vorher.«
H. *(zur Mutter):* »Was ist bei der Mutter verändert?«
M.: »Es fehlt etwas. Es fehlt die Stütze und die Wärme von hinten.«
H. *(zur Tochter):* »Bei dir?«
(2): »Ich werde noch unruhiger.«
H. *(zum Publikum):* »Von den Reaktionen, die ich bisher bekommen habe, würde ich schließen, dass etwas Besonderes passiert ist in der Herkunftsfamilie der Mutter. Und das frage ich jetzt. *(Hellinger geht zu Brigitte, die dem Geschehen bisher vom Rand zugesehen hatte)*
H. *(zu Brigitte):* »Was ist in der Herkunftsfamilie der Mutter Besonderes passiert?«
Brigitte: »Der jüngste Bruder war zwölf oder vierzehn Jahre jünger. Er ist im Krieg an Diphtherie gestorben, gerade als meine Mutter losgeschickt worden ist, um den Arzt zu holen.

Dann war da prompt ein Bombenangriff. Der zweite Bruder war vielleicht zwei Jahre jünger. Er ist mit 49 Jahren an einem Herzinfarkt gestorben; meine Mutter meinte, aus Kummer über seine Frau. Es war eine schlechte Ehe, und sie wurden geschieden. Die Frau hatte ihn anschließend nicht losgelassen.«

H.: »Was war mit ihren Eltern?«

Brigitte: »Mit meinen Eltern?«

H. *(zur Mutter zeigend):* »Mit ihren Eltern.«

Brigitte: »Die Mutter meiner Mutter war, wie sie sagte, immer schwer herzkrank. In der Kindheit meiner Mutter ist ihre Mutter quasi dauernd gestorben. Sie musste immer losrennen, den Arzt oder den Priester holen.«

H.: »Ja. Da haben wir jetzt bedeutsame Informationen bekommen. Ich wähle jetzt jemand für die Mutter der Mutter und noch jemand für den jüngsten Bruder der Mutter. *(Hellinger wendet sich an Brigitte, nachdem die beiden neuen Stellvertreter auf die Bühne gekommen sind)* »Wie würdest du die beiden aufstellen?«

(Brigitte stellt den Bruder der Mutter und die Großmutter auf.)

3. Bild:

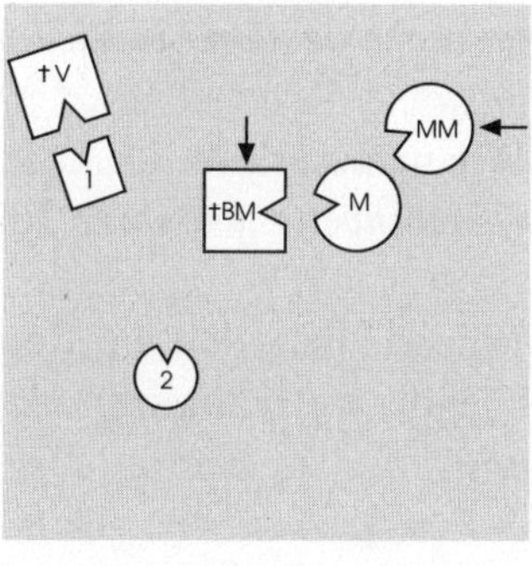

H. *(zu Brigitte):* »An was ist dein Vater gestorben?«
Brigitte: »Herzinfarkt.«
H. *(zur Mutter):* »Was ist jetzt bei der Mutter verändert?«
M. *(zu ihrem Bruder blickend, der ihr gegenübersteht):* »Hier ist jetzt ein Sonnenschein aufgegangen. Hinter mir spüre ich nicht viel. Ich würde mich gerne umdrehen und nachschauen.«
H. *(zur Tochter):* »Was ist bei dir verändert?«
(2): »Ich fühle mich sicherer.«
H. *(zum Bruder der Mutter):* »Wie geht es dir?«
BM.: »Ich habe eine ganz kleine Gruppe vor mir. Das ist gut. Hinter mir *(er zögert)* kriege ich nichts mit.«
H. *(zur Mutter der Mutter):* »Wie geht es der Mutter der Mutter?«
MM.: »Mir ist es hier etwas zu eng. Ich möchte einen Schritt zurücktreten. Der Blickwinkel auf meinen Enkelsohn ist gut. Ein bisschen stört mich der Bruder.«
H.: »Das ist der Sohn von dir!«
MM.: »Ja.«
H.: »Okay. Ich stelle jetzt etwas um.« *(Hellinger stellt die Mutter der Mutter und den Bruder der Mutter mit der Mutter in eine Reihe. Den Mann stellt Hellinger neben die Frau)*
H. *(zu den Kindern):* »Euch stelle ich den Eltern gegenüber, oder noch besser *(er rückt sie näher in Richtung Vater)* in den Bannkreis des Vaters.«
H. *(zur Mutter):* »Wie nah muss der Bruder zu dir kommen?«
M.: »Noch näher.« *(Hellinger rückt ihren Bruder noch näher an sie heran)*
H. *(zur Mutter):* »Und wie nahe soll die Mutter stehen?«
M.: »Ein bisschen näher.« *(Hellinger rückt die Mutter der Mutter näher heran)*

4. Bild:

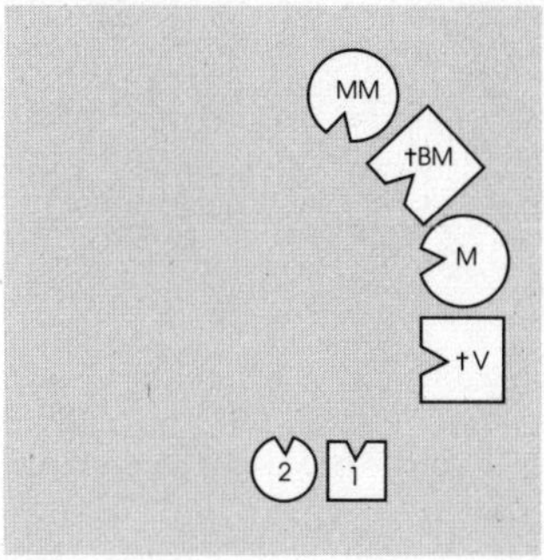

H. *(zur Mutter):* »Wie geht es dir jetzt?«
M.: »Die Nähe tut gut. Ich fühle mich geborgen.«
H. *(zum Vater):* »Wie geht es dem Mann?«
V.: »Ich bin etwas zu nah an diesem Teil der Familie.« *(Er meint die neu hereingestellten Verwandten der Mutter. Hellinger nimmt den Mann an der Schulter und rückt ihn etwas von der Frau ab.)*
V.: »So ist es gut.«
H. *(zum Sohn):* »Wie geht es dem Sohn jetzt?«
(1): »Mir geht es gut jetzt. Ich fühle die Mutter als eine Einheit. *(Nach einer Pause)* Kompletter. Es sind viele neue Teile hinzugekommen.«
(Hellinger geht mit dem Mikrofon auf die Tochter zu)
(2): »Mir ist das zu nah mit dem Bruder. Er kommt mir versteift vor. Mir tut der rechte Arm weh.«
(Hellinger rückt sowohl den Sohn als auch die Tochter näher an den Vater heran)
H. *(zur Tochter):* »Wie ist das?«

5. Bild:

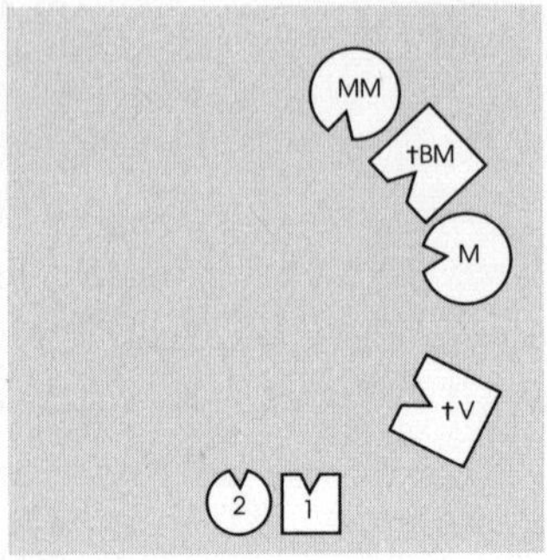

(2) *(ihren Bruder anschauend):* »Es ist nicht mehr so steif.«
H. *(zur Tochter)*: »Geh mal dahin, wo die Mutter steht.« *(Hellinger deutet auf den Platz zwischen dem Bruder der Mutter und der Mutter. Durch die Hereinnahme der Tochter stehen Vater und Mutter wieder enger beieinander)*

6. Bild:

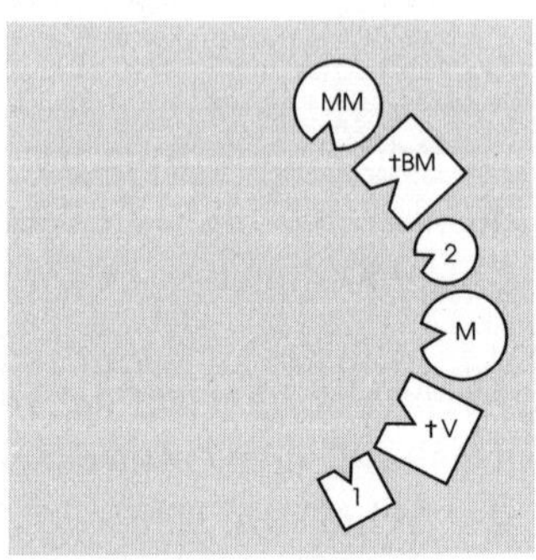

H. *(zur Mutter):* »Wie ist das, besser oder schlechter?«
M.: »Besser.«
(2): »Ich habe das Gefühl, die Mutter möchte, dass ich herkomme; sie hat so eine Handbewegung gemacht, als ich kam.«

H. *(zur Tochter):* »Wie geht es dir jetzt? Besser oder schlechter?«
(2): »Ich bin wieder etwas aufgeregt, was ich auf dem letzten Platz nicht war.«
H. *(zum Vater):* »Wie geht es dem Mann jetzt?«
V.: »Nicht mehr ganz so gut. Ich müsste weiter weg.«
H. *(nimmt den Vater am Arm):* »Dreh dich mal um und gehe zwei Schritte weg. *(Als der Vater dies getan hat)* Wie geht es dir da?«

7. Bild:

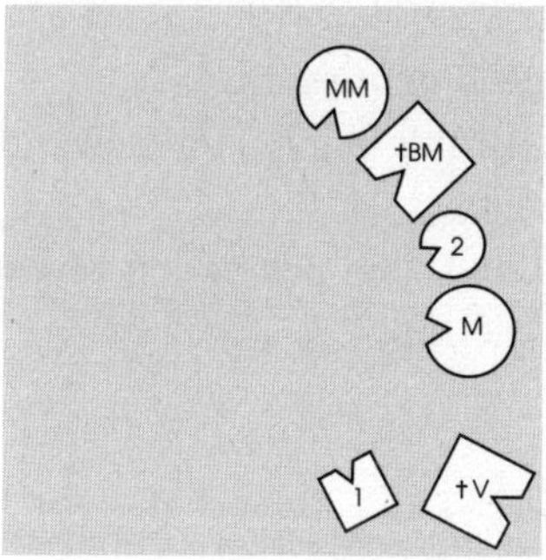

V.: »Schlechter.«
H. *(zur Mutter):* »Wie geht es der Mutter, wenn er weg ist? Besser oder schlechter?«
M.: »Schlechter.«
H. *(holt den Vater):* »Komm wieder an deinen Platz zurück.« *(Hellinger stellt die Mutter der Mutter, den Bruder der Mutter und die Mutter hintereinander, sodass sie von der Familie wegschauen. Diese Stellung bedeutet Hellinger zufolge Weggang und Tod)*

8. Bild:

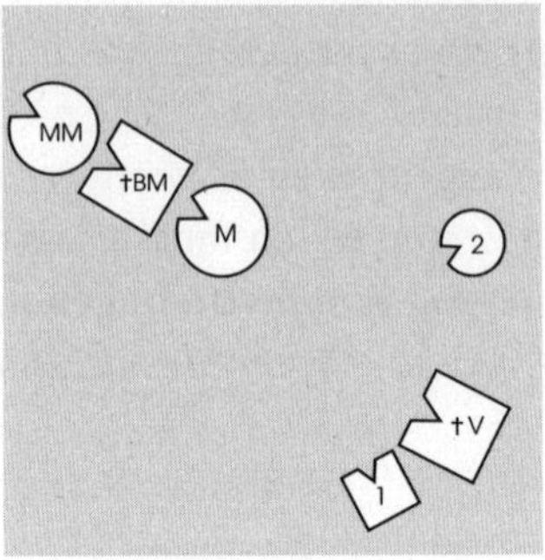

H. *(zur Mutter):* »Wie geht es dir da?«
M.: »Nicht gut. Ich fühle mich so abgewandt und irgendwie als Letzter, als Letzte.«
H. *(zur Mutter):* »Stell dich neben den Mann *(Und zur Tochter)* Stell du dich hierhin.«

9. Bild:

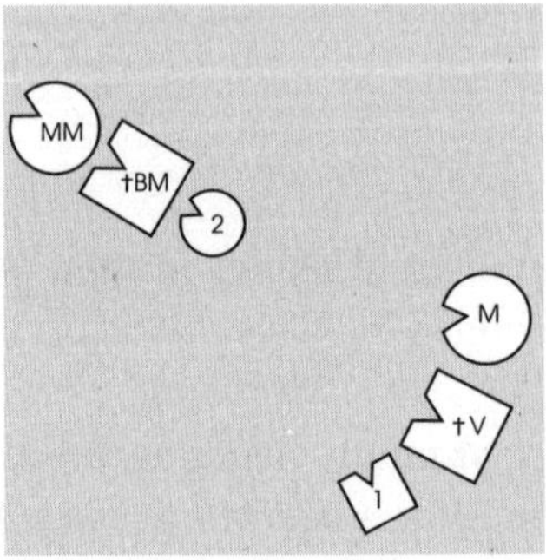

H. *(zur Tochter, nachdem sie sich hinter den Bruder gestellt hat):* »Wie ist das?«
(2): »Besser.« *(Nickt mit dem Kopf)*

H. *(zum Publikum):* »Ich habe jetzt Verschiedenes ausprobiert. Wenn in einer Familie eine Mutter dauernd am Sterben ist, dann sagt manchmal ein Kind: ›Lieber ich als du.‹ Und wenn ein Kind gestorben ist, wie ihr Bruder, dann will das Kind dem oft nachfolgen in den Tod. Mein Bild am Anfang war, dass die Frau eigentlich sterben will. Und jetzt tritt die Tochter an die Stelle der Mutter und folgt den anderen in den Tod. Sie fühlt sich dort gut. Das wäre die Dynamik der Krankheit.«

H. *(wendet sich Brigitte zu):* »Was sagst du dazu?«

Brigitte: »Das macht mich traurig. Aber ich fühle das auch.« *(Sie weint und nickt mit dem Kopf)*

H. *(zum Publikum):* »Das ist die Lösung, die in Familien aus der Urliebe herausgesucht wird. Die Urliebe ist die tiefe Bindung der Kinder an ihre Eltern. Kinder fühlen sich so tief verbunden mit ihren Eltern und Geschwistern, dass sie deren Schicksal teilen wollen, und dann sagen sie innerlich: ›Ich folge dir nach in den Tod. Ich folge dir nach in dein Schicksal.‹ Und manchmal zeigt sich das dann, indem sie eine schwere Krankheit bekommen. Das wäre die Dynamik hinter der Krankheit. Oder sie sagen: ›Lieber mache ich das, als dass du das machst, liebe Mutter. Ich sterbe an deiner Stelle. Ich werde krank an deiner Stelle. Ich verschwinde an deiner Stelle.‹ Dahinter steckt die Vorstellung, dass mit diesem Opfer die andere geliebte Person gerettet werden kann oder erlöst werden kann. Das ist diese Urliebe.

Was hier übersehen wird, ist, dass der andere auch liebt. Der, dem man nachfolgen will, möchte weder die Rettung noch braucht er sie. Wenn das Kind das erkennt, wäre das der Abschied vom magischen Weltbild: Man liebt den anderen auf einer höheren Ebene, nicht indem man ihn rettet, sondern indem man ihn ehrt. Und jetzt werde ich versuchen, ob ich

hier eine Lösung finde, die auf dieser höheren Ebene stattfindet, eine Lösung, bei der niemand krank werden muss.«
H. *(zu Brigitte):* »Einverstanden, wenn ich das so mache?« *(Brigitte nickt und lächelt)*
H. *(nimmt Brigitte am Arm):* »Ich stelle dich gleich mal hier herein an deinen Platz.« *(Die Stellvertreterin für Brigitte geht, und Brigitte stellt sich an ihren Platz hinter den Bruder der Mutter. Hellinger stellt die Mutter der Mutter und den Bruder der Mutter Brigitte gegenüber und führt Brigitte an die Seite ihres Bruders)*

10. Bild:

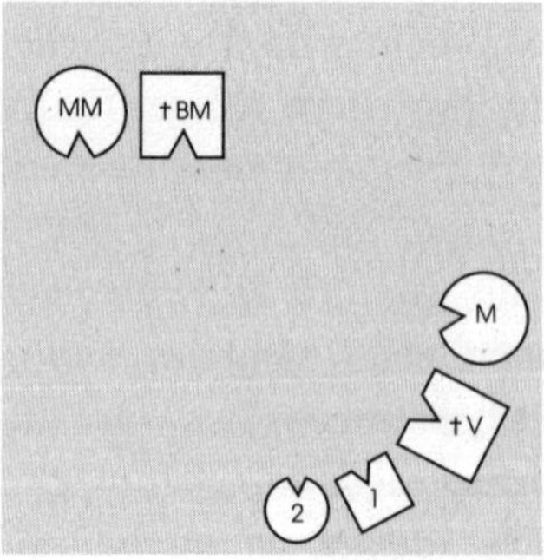

H. *(zur Mutter):* »Jetzt nimm deine Tochter bei der Hand, gehe mit ihr zu deiner Mutter. *(Als sie dort angelangt sind)* Jetzt verneigt euch beide vor der Mutter.« *(Tochter und Mutter verneigen sich gleichzeitig vor der Mutter der Mutter)*

11. Bild:

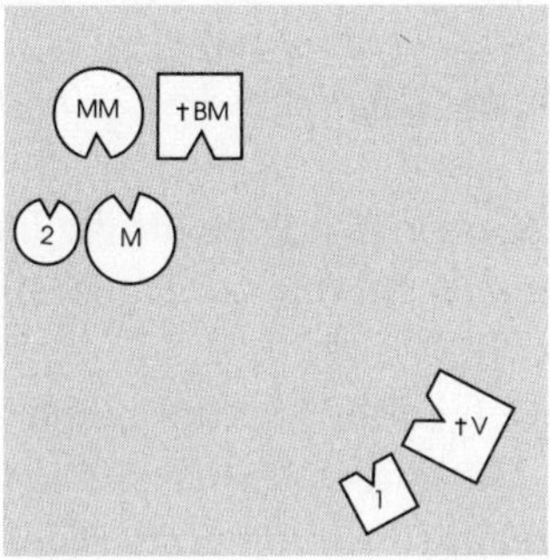

H. *(zur Mutter):* »Sag – *(Hellinger wendet sich fragend an Brigitte)* –, wie hat sie ihre Mutter angeredet?«
Brigitte: »Weiß ich nicht.«
H.: »Okay. *(Zur Mutter)* Sag ›Mama‹!«
M.: »Mama.«
H. *(spricht der Mutter vor):* »Es war so schlimm.«
M. *(zu ihrer Mutter):* »Es war so schlimm.«
H. *(spricht vor):* »Bitte bleibe!«
M.: *(zu ihrer Mutter):* »Bitte bleibe!«
(Brigitte hört gespannt zu. Ihr Kinn beginnt zu zittern. Sie ist tief bewegt.)
H. *(zur Mutter der Mutter):* »Wie ist das für die Großmutter?«
MM. *(nickt):* »Ich glaube, das ist genau richtig. Ich bekomme eine Wertigkeit.«
H. *(der Mutter vorsprechend):* »Bitte sei freundlich, wenn ich bleibe, auch wenn du gehst.«
M. *(zu ihrer Mutter):* »Bitte sei freundlich, wenn ich bleibe, auch wenn du gehst.«
H. (zu Brigitte): »Wie geht es dir dabei?«
Brigitte *(mit zitterndem Kinn):* »Gut.« *(Nickt)*

(Hellinger löst sanft Mutter und Tochter voneinander, die sich an der Hand halten)
H. *(zu Brigitte):* »Sag: ›Liebe Oma!‹«
Brigitte: »Liebe Oma!« *(Hellinger legt seine Hand auf Brigittes Schulter)*
H. *(spricht Brigitte vor):* »Ich gebe dir die Ehre.«
Brigitte *(zur Mutter der Mutter):* »Ich gebe dir die Ehre.« *(Brigitte ist tief bewegt)*
H. *(zu Brigitte):* »Geh zu ihr hin und nimm sie in den Arm.« *(Brigitte geht zur Mutter der Mutter und umarmt sie. Hellinger legt seine Hand auf Brigittes Hinterkopf)* »Mund auf und tief atmen!«
H. *(zu Brigitte, während sie die Großmutter noch umarmt hält):* »Nimm sie in dein Herz. Tief einatmen. Durch tiefes Einatmen nimmst du sie in dein Herz. *(Brigitte hält die Großmutter immer noch und atmet tief. Nach einer Weile lächelt Brigitte und beginnt zu strahlen. Hellinger bemerkt Brigittes Strahlen und berührt sie am Arm)* Genau. Siehst du, das tut dir gut.« *(Brigitte nickt)*
H.: »Genau.«
(Brigitte weint vor Freude)
H. *(zu Brigitte):* »Stell dich wieder neben die Mutter.«
(Brigitte lächelt die Großmutter noch einmal an und geht wieder neben die Mutter)
H. *(zur Mutter):* »Wie geht es denn der Mutter?«
M.: »Es ist schön, wunderschön.«
(Brigitte lächelt und weint)
H. *(zur Mutter):* »Sag ihr: ›Bleibe!‹«
M. *(zu Brigitte):* »Bleibe!«
H. *(zur Mutter, als diese den Impuls hat, Brigitte zu umarmen):* »Ja, folge deinem Gefühl. Es ist okay.«
(Die Mutter umarmt Brigitte. Sie halten sich lange).

H.: »Gut. Jetzt nehmt euch wieder bei der Hand, und jetzt geht ihr beide vor den Bruder der Mutter.«
(Mutter und Brigitte gehen vor den Bruder der Mutter)
»Verneigt euch vor ihm ganz leicht.«
(Mutter und Brigitte verneigen sich vor dem Bruder der Mutter)
H. *(zu Brigitte):* »Sag ihm: ›Lieber Onkel!‹«

12. Bild:

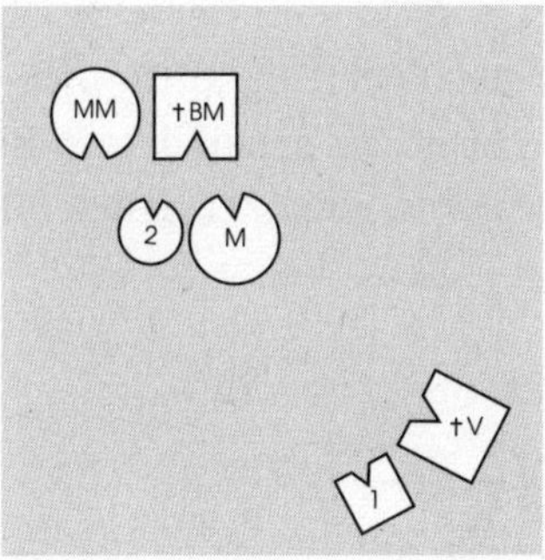

Brigitte *(zum Bruder der Mutter):* »Lieber Onkel.«
H. (spricht ihr vor): »Ich lebe noch ein bisschen.« Brigitte *(weint heftig, schluckt und schaut zu Boden. Die Mutter berührt sie am Arm.)*
H. *(zu Brigitte):* »Schau ihn dabei an. Schau ihn an. *(Als sie erneut auf den Boden guckt und schluchzt).* Nein, nein. Ohne Schluchzen. Tief atmen.« *(Brigitte schluchzt heftig)*
H. *(zum Publikum):* »Das ist jetzt ein Kindergefühl.«
H. *(zu Brigitte):* »Schau ihn an. Ganz ruhig.« *(Hellinger hält ihr das Mikrofon hin)*
Brigitte *(zum Bruder der Mutter):* »Ich bleibe noch ein bisschen.« *(Mit schwacher und zitternder Stimme)*
H. *(spricht ihr vor):* »Dann komme ich auch.«

Brigitte *(zum Bruder der Mutter):* »Dann komme ich auch.«
H. *(spricht ihr vor):* »Bitte sei freundlich, wenn ich noch ein bisschen bleibe.«
Brigitte: »Bitte sei freundlich, wenn ich noch ein bisschen bleibe.«
H. *(zum Bruder der Mutter):* »Wie ist das für den Onkel?«
BM.: »Das ist schön. Das gibt mir die Möglichkeit, das auch zu geben.«
H. *(zur Mutter):* »Wie geht es denn der Mutter dabei?«
M.: »Ja, auch gut.«
H. *(zur Mutter):* »Jetzt stell du dich wieder neben deinen Mann. *(Zu Brigitte)* Und du neben deinen Bruder.«
H. *(zu den Geschwistern):* »Stellt euch den Eltern zugewandt.«

13. Bild:

H. *(zum Vater):* »Wie geht's dem Mann jetzt?«
V.: »Gut.«
H.: »Und mit der Frau?«
V.: »Ja. Gut.«
V. *(nachdem Hellinger die Frau näher an den Vater heranrückt):* »Etwas zu nah.« *(Lachen im Saal. Die Frau geht einen Schritt nach rechts zur Seite)*

H. *(zur Mutter):* »Wie geht es der Frau jetzt?«
M.: »Ich würde gern viel näher kommen. Ich bin fremd zu ihm.«
H. *(zu Brigitte):* »Da ist noch etwas in der Herkunftsfamilie deines Vaters.«
Brigitte *(kopfschüttelnd):* »Nein.«
H.: »Oder hat er vor der Mutter noch eine andere Frau gehabt?«
(Brigitte zuckt mit den Schultern)
H.: »Okay. *(Zum Sohn)* Und wie geht's dir jetzt hier?«
(1): »Gut. Sehr gut.«
H. *(zu Brigitte):* »Und wie geht's dir jetzt hier?«
Brigitte: »Ich finde das komisch, dass das so verrückt steht.« *(Sie deutet auf sich und die leicht schräg gegenüberstehenden Eltern)*
H. *(nimmt Brigitte am Arm und zieht sie und ihren Bruder nach links, sodass sie den Eltern direkt gegenübersteht):* »Probier es aus!«

14. Bild:

H. *(zu Brigitte):* »Besser so?«
Brigitte *(nickt):* »Ja.«
H. *(zu Brigitte):* »Da lass ich's. Das war's dann.«
(Die Stellvertreter verlassen die Bühne. Hellinger und Brigitte setzen sich nebeneinander.)
H. *(zum Publikum):* »Wenn ich für Kranke eine Familie aufstelle, dann schaue ich in erster Linie auf die Familie: Ist da etwas unerledigt, oder muss etwas in Ordnung gebracht werden? Müssen zum Beispiel Tote oder solche, die schwere Schicksale hatten, in den Blick gerückt werden, so wie wir das hier gesehen haben? Aus diesem Vorgang kann dann eine gute Kraft kommen. Man konnte das bei ihr sehen. Wenn diese gute Kraft ins Spiel kommt, traue ich ihr zu, dass sie günstig auf die Krankheit wirkt – in welcher Weise auch immer. Zu meinen, dass man damit eine Krankheit heilt, wäre vermessen. Damit würde man die Vielschichtigkeit menschlichen Lebens und Schicksals verkennen. Aber dass aus alldem eine heilende und lindernde Wirkung erwachsen kann, das kann man auch von hier *(er deutet auf Brigittes Gesicht)* ablesen.«
H. *(zu Brigitte):* »Die Frage ist, ob du das auch durchhältst?«
Brigitte *(strahlend):* »Was durchhalten?«
H.: »Das Glück!«
Brigitte *(Sie lacht. Mit zuckenden Schultern und lächelnd sagt sie):* »Ich werde sehen.«
H. *(zum Publikum):* »Es ist sehr schwer, wenn in einer Familie jemand abweicht vom Schicksal der anderen. Das traut er sich in der Regel nicht, weil er sich zu sehr verbunden fühlt. Er traut sich das nur, wenn die anderen dazu freundlich sind.«
H. *(wendet sich an Brigitte):* »Das hast du gesehen – oder?«
(Brigitte nickt)

H.: »Wenn es einmal schwer wird, schau auf die Gesichter! Ja?«

(Brigitte ist bewegt und lächelt)

H.: »Sag ihnen: ›Seid freundlich, wenn ich noch ein bisschen bleibe.‹«

(Brigitte nickt)

H.: »Gut. Das war's dann.«

Brigitte: »Danke!« *(Brigitte geht von der Bühne)*

H. *(zum Publikum):* »Ich möchte etwas sagen über diese Art der Arbeit. Was für mich selber sehr überraschend war, war herauszufinden, dass etwas Verborgenes ans Licht kommt. Voraussetzung allerdings ist, dass es der Klient gesammelt gemacht hat. Dieses Verborgene war der Person selber nicht bewusst. Plötzlich wird etwas dargestellt, und man sieht, dass da etwas fehlt. Etwas stört diese Familie. Und dann kann man sehen, ob man findet, was da fehlt und was da stört. Dieses Fehlende bringt man in die Familie hinein, so wie ich hier den verstorbenen Bruder der Mutter und die lange krank gewesene Mutter hineingebracht habe. Man muss sich einmal vorstellen, wie Kinder in einer Familie sich fühlen, wenn sie dauernd denken müssen, dass die Mutter bald stirbt. Was trauen diese Kinder sich, vom Leben zu nehmen? Was geht in deren Herzen vor? Und wenn die Kinder schließlich sagen können: ›Liebe Mama, bitte bleibe, und wenn du gehst, sei freundlich, wenn ich noch ein bisschen bleibe.‹

Nur war hier noch erschwerend, dass auch der Vater früh gestorben ist. Ich vermute, dass in seiner Familie ebenfalls eine Dynamik vorlag, die ihn zum Weggehen antrieb. Für die Lösung musste man das aber in diesem Fall nicht verstehen. Wenn diese Dinge wieder in Ordnung gebracht werden, dann kann sich die Seele wieder Größerem und Glücklicherem zuwenden. Allerdings ist der Sog zurück in diese alte Form

von Liebe sehr groß. Wenn die Klientin jetzt zum Beispiel krank bliebe, dann würde sie sich wahrscheinlich inniger mit ihrer Familie verbunden fühlen, als wenn sie gesund wird oder es ihr besser geht.
Die Lösung ist somit auch ein Verzicht auf Innigkeit in der Familie. Nur wer den Mut hat, auf eine höhere Ebene zu gehen und diese Innigkeit aufzugeben, bei der er sich von den anderen getrennt fühlt und geschieden wie von den Toten, nur der kann das durchhalten. Deswegen hat diese Lösung auch oft etwas von einem religiösen oder spirituellen Vollzug an sich. Man darf hier nicht der Meinung sein, dass diese Wandlungen leicht geschehen, denn die Seele hat ihre eigenen Gesetze. Man muss diese Gesetze achten und sehr vorsichtig damit umgehen.«

H. *(zu Brigitte, die relativ weit vorne im Publikum sitzt):* »Wirst du das machen?«

(Brigitte lächelt und nickt)

H. *(zum Publikum):* »Irgendwelche Fragen?«

Frage: »Warum haben Sie die Formulierung vorgegeben ›Ich bleibe noch ein bisschen, dann sterbe ich auch‹?«

H.: »Diese Worte wurden gewählt nach der Wirkung, die sie in der Seele entfalten und nicht nach der Logik. Wenn man jetzt überprüft, wie das auf einen Toten wirkt, wenn man ihm zum Beispiel sagt: ›Lieber Vater, du bist tot, ich bleibe noch ein bisschen, dann sterbe ich auch‹, ist das völlig anders, als wenn jemand sagt: ›Du bist tot, ich bleibe!‹ *(An den Frager)* Merkst du den Unterschied? Das Letztere hat etwas von Trotz an sich, während das andere in Einklang mit dem Toten geschieht. Wie immer das Wort ›bisschen‹ genommen wird, das Leben ist im Vergleich zum Totsein immer nur ein ›bisschen‹. Es ist etwas Bescheidenes darin. Wenn ich es auf diese Weise sage, dann bin ich mit den Toten solidarisch. Ich überhebe mich nicht über die Toten, etwa im Sinne von ›Ihr seid jetzt weg, ich bin noch da‹. Das wäre schlimm. Dagegen würde die Seele rebellieren. Durch die Solidarität mit den Toten hingegen kommt von ihnen ein Segen, der mein Leben stärkt.«

Frage: »Sie haben gesagt, dass es für ein Kind schlimm ist, wenn eine Mutter dauernd leidet und am Sterben ist. Wie ist es, wenn es sich um den Vater handelt?«

H.: »Es spielt keine Rolle, ob es sich um den Vater oder um die Mutter handelt.«

Frage: »Warum hat die Patientin ihren Platz nicht selbst gewählt, sondern warum wurde er ihr zugewiesen?«

H.: »Das ist eine sehr wichtige Frage. Wenn ich den Patienten seinem Gefühl überlasse, dann folgt er der Ursprungsliebe. Er stellt das auf, was das Problem bestätigt. Er wird die Lösung vermeiden. Der Therapeut muss die Initiative ergreifen, das Richtige tun, doch er überprüft es mit dem Klienten, indem er ihn fragt, wie er sich fühlt. Der Therapeut nimmt somit die Veränderung nicht willkürlich vor. Das unterscheidet diese Art von Familienaufstellungen von vielen anderen: Der Therapeut ergreift die Initiative; er hat aus der Erfahrung ein Bild von der Ordnung. Kleinigkeiten muss er korrigieren, doch er hat ein Bild von der Ordnung, wie sie sein müsste, damit es gut wird.«

Bly, Robert: *Der Eisenhans – Ein Buch über Männer.* München 1993

Franke, Ursula: *Systemische Familienaufstellung – Eine Studie zu systematischer Verstrickung und unterbrochener Hinbewegung unter besonderer Berücksichtigung von Angst-Patienten.* Profil-Verlag, Wien und München 1996 (eine Dissertation über Angststörungen)

Goldner, Guntram Colin: *Zen in der Kunst der Gestalt-Therapie.* Augsburg 1986

Hellinger, Bert/ten Hövel, Gabriele: *Anerkennen, was ist – Gespräche über Verstrickung und Lösung.* München 1996

Hellinger, Bert: *Familienstellen mit Kranken – Dokumentation eines Kurses für Kranke, begleitende Psychotherapeuten und Ärzte.* Heidelberg 1995

Hellinger, Bert: *Finden, was wirkt – Therapeutische Briefe.* München 1996

Hellinger, Bert: *Haltet mich, dass ich am Leben bleibe. Lösungen für Adoptierte.* Heidelberg 1998

Hellinger, Bert: *Die Mitte fühlt sich leicht an – Vorträge und Geschichten.* München 1996

Hellinger, Bert: *Ordnungen der Liebe – Ein Kurs-Buch.* Heidelberg 1994

Hellinger, Bert: *Schicksalsbindungen bei Krebs – Ein Buch für Betroffene, Angehörige und Therapeuten.* Heidelberg 1997

Hellinger, Bert: *Touching Love. Bert Hellinger at work with family systems. Documentation of a three-day-course for psychotherapists and their clients.* Heidelberg 1997

Hellinger, Bert: *Verdichtetes – Sinnsprüche, kleine Geschichten, Sätze der Kraft.* Heidelberg 1996

Jacobi, Jolande: *Die Psychologie C. G. Jungs.* Frankfurt 1989
Jellouschek, Hans: *Die Kunst, als Paar zu leben.* Stuttgart 1992
Jung, Carl Gustav: *Archetypen.* München 1990
Jung, Carl Gustav: *Erinnerungen, Träume, Gedanken.* Olten 1990
Krüll, Marianne: *Unreflektiertes patriarchales Denken – ein Gespräch mit der Familiensozioligin Marianne Krüll.* In: Psychologie heute, Nr. 6, 1995
Lauster, Peter: *Die Liebe.* Reinbek 1983
Miller, Alice: *Am Anfang war Erziehung.* Frankfurt 1979
Miller, Alice: *Das Drama des begabten Kindes.* Frankfurt 1979
Nichols, Roy und Jane: *Begräbnisse – eine Zeit der Trauer und Reife.* In: Elisabeth Kübler-Ross: Reif werden zum Tode. Stuttgart 1989
Nüse, Ralf u. a.: *Über die Erfindungen des Radikalen Konstruktivismus – Kritische Gegenargumente aus psychologischer Sicht.* Weinheim 1991
Watts, Alan: *The way of Zen.* New York 1957
Weber, Gunthard (Hg.): *Zweierlei Glück – Die Systemische Psychotherapie Bert Hellingers.* Heidelberg 1993
Wirl, Charlotte: *Workshop mit Cloé Madanes: Sex, Love and Violence.* In: Megaphon – Informationsblatt der Milton-Erickson-Gesellschaft, Nr. 22, 1995
Zeig, Jeffrey: *Die Weisheit des Unbewussten – Hypnotherapeutische Lektionen bei Milton Erickson.* Heidelberg 1995

Veröffentlichungen von und über Bert Hellinger

Baxa, Guni-Leila/Essen, Christine/Kreszmeiner, Astrid Habiba (Hg.): *Verkörperungen – Systemische Aufstellung, Körperarbeit und Ritual*, Heidelberg 2002

Brink, Otto: *Spielregeln der Partnerschaft*, Freiburg 2001

Döring-Meijer, Heribert: *Familienaufstellungen mit Suchtkranken*, Paderborn 2000

Dykstra, Ingrid: *Wenn Kinder Schicksal tragen – Kindliches Verhalten aus systemischer Sicht verstehen*, München 2002

…nke, Ursula: *Systemische Familienaufstellung – Eine Studie zu syste…scher Verstrickung und unterbrochener Hinbewegung unter beson…r Berücksichtigung von Angstpatienten*, München und Wien 1996

… Griksch, Marianne: *Du gehörst zu uns! Systemische Einblicke und Lösungen für Lehrer, Schüler und Eltern*, Heidelberg 2001

Gómez Pedra, Sylvia (Hg.): *Kindliche Not und kindliche Liebe*, Heidelberg 2001

Hellinger, Bert/ten Hövel, Gabriele: *Anerkennen, was ist – Gespräche über Verstrickung und Lösung*. Zusammen mit Gabriele ten Hövel, München 1997

Hellinger, Bert: *Der Abschied – Nachkommen von Tätern und Opfer stellen ihre Familie*, Heidelberg 1998

Hellinger Bert: *Die Quelle braucht nicht nach dem Weg zu fragen – ein Nachlesebuch*, Heidelberg 2001

Hellinger, Bert: *Einsicht durch Verzicht – Der phänomenologische Erkenntnisweg in der Psychotherapie*, in: *Praxis der Systemaufstellung*, München 1/98, S. 16–17

Hellinger, Bert: *Entlassen werden wir vollendet – Besinnliche Texte*, München 2001

Hellinger, Bert: *Familien-Stellen mit Kranken – Dokumentation eines Kurses für Kranke, begleitende Psychotherapeuten und Ärzte*, Heidelberg 1995

Hellinger, Bert: *Haltet mich, dass ich am Leben bleibe – Lösungen für Adoptierte*, Heidelberg 1998

Hellinger, Bert: *In der Seele an die Liebe rühren – Familien-Stellen mit Eltern und Pflegeeltern von behinderten Kindern*, 1998

Hellinger, Bert/herausgegeben von Michaela Kaden: *Liebe am Abgrund – Ein Kurs für Psychose-Patienten*, Heidelberg 2001

Hellinger, Bert: *Mitte und Maß – Kurztherapien*, Heidelberg 1999

Hellinger, Bert: *Ordnungen der Liebe,* Heidelberg 1994

Hellinger, Bert: *Religion, Psychotherapie, Seelsorge,* München 2000

Hellinger, Bert: *Schicksalsbindungen bei Krebs – Ein Kurs für Betroffene, ihre Angehörigen und Therapeuten,* Heidelberg 1997

Hellinger, Bert: *Touching love, Bert Hellinger at work with family systems. Documentation of a Three-Day-Course for Psychotherapist and their Clients,* Heidelberg 1997

Hellinger, Bert: *Verdichtetes – Sinnsprüche – Kleine Geschichten – Sätze der Kraft,* Heidelberg 1995

Hellinger, Bert: *Was in Familien krank macht und heilt – Ein Kurs für Betroffene,* Heidelberg 2000

Hellinger, Bert: *Wir gehen nach vorn – Ein Kurs für Paare in Krisen,* Heidelberg 2001

Hellinger, Bert: *Wo Ohnmacht Frieden stiftet – Familien-Stellen mit Opfern von Trauma, Schicksal und Schuld,* Heidelberg, 2000

Hellinger, Bert: *Wo Schicksal wirkt und Demut heilt – Ein Kurs für Kranke,* Heidelberg 1999

Hellinger, Bert/Kaden, Michaela: *Die größere Kraft – Bewegungen der Seele bei Krebs,* Heidelberg 2001

Langlotz, Robert (Hg.): *Familien-Stellen mit Psychose-Kranken. Beiträge zu systemischen Lösungen nach Bert Hellinger,* Heidelberg 1998

Nelles, Wilfried: *Liebe, die löst – Einsichten aus dem Familien-Stellen,* Heidelberg 2002

Nelles, Wilfried: *Wo die Liebe hinfällt – Gespräche über Paarbeziehungen und Familienbande,* Himberg 2002

Neuhauser, Johannes (Hg.): *Wie Liebe gelingt – Die Paartherapie Bert Hellingers,* Heidelberg 1999

Prekop, Irina/Hellinger, Bert: *Wenn ihr wüsstet, wie ich euch liebe. Wie schwierigen Kindern durch Familien-Stellen und Festhalten geholfen werden kann,* München 1998

Schäfer, Thomas: *Wenn der Körper Signale gibt. Wege aus der Krankheit durch Systemische Aufstellungen.* Mit einem Vorwort von Bert Hellinger, München 2004

Schäfer, Thomas: *Wenn Dornröschen nicht mehr aufwacht – Bekannte Märchen aus Sicht von Bert Hellingers Familienaufstellungen,* München 2001

Schäfer, Thomas: *Wenn Liebe allein den Kindern nicht hilft – Heilende Wege in Bert Hellingers Psychotherapie,* München 2002

Schäfer, Thomas: *Wie aus Leiden wieder Liebe wird – Mann und Frau aus Sicht des Familienstellens,* München 2007

Schneider, Jakob/Gross, Brigitte: *Ach wie gut, dass ich es weiß – Märchen und andere Geschichten in der systemisch-phänomenologischen Therapie,* Heidelberg 2000

Ulsamer, Bertold: *Ohne Wurzel keine Flügel – Die systemische Therapie von Bert Hellinger,* München 1999

van Kampenhout, Daan: *Die Heilung kommt von außerhalb – Schamanismus und Familien-Stellen,* Heidelberg 2001

Weber, Gunthard (Hg.): *Derselbe Wind lässt viele Drachen steigen – Systemische Lösungen im Einklang,* Heidelberg 2001

Weber, Gunthard (Hg.): *Praxis des Familienstellens – Beiträge zu systemischen Lösungen nach Bert Hellinger,* Heidelberg 1998

Weber, Gunthard (Hg.): *Praxis der Organisationsaufstellungen,* Heidelberg 2000

Weber, Gunthard, (Hg.): *Zweierlei Glück. Die systemische Psychotherapie Bert Hellingers.* Herausgegeben von Gunthard Weber, Heidelberg 1993